BESTACTIVITYBOOKS.COM

PRIMA EDIZIONE 2022

Illustrazione Grafica Extra: www.freepik.com
Grazie a Alekksall, Starline, Pch.vector, Rawpixel.com, Vectorpocket, Dgim-studio, Upklyak, Macrovector, Stockgiu, Pikisuperstar & Freepik.com Designers

5 CONSIGLI PER INIZIARE

1) COME RISOLVERE LE PAROLE INTRECCIATTE

I puzzle hanno un formato classico:

- Le parole sono nascoste senza spazi o trattini,...
- Orientamento: Le parole possono essere scritte in avanti, indietro, verso l'alto, verso il basso o in diagonale (possono essere invertite).
- Le parole possono sovrapporsi o intersecarsi.

2) APPRENDIMENTO ATTIVO

Accanto ad ogni parola c'è uno spazio per scrivere la traduzione. Per incoraggiare l'apprendimento attivo, un **DIZIONARIO** alla fine di questa edizione vi permetterà di controllare e ampliare le vostre conoscenze. Cerca e scrivi le traduzioni, trovale nel puzzle e aggiungile al tuo vocabolario!

3) SEGNARE LE PAROLE

Puoi inventare il tuo sistema di segni. Forse ne usi già uno? Per esempio, puoi segnare le parole difficili da trovare con una croce, le parole preferite con una stella, le parole nuove con un triangolo, le parole rare con un diamante, e così via.

4) STRUTTURARE L'APPRENDIMENTO

Questa edizione offre un **TACCUINO** alla fine del libro. In vacanza, in viaggio o a casa, puoi organizzare facilmente le tue nuove conoscenze senza bisogno di un secondo quaderno!

5) AVETE FINITO TUTTE LE GRIGLIE?

Nelle ultime pagine di questo libro, nella sezione della **SFIDA FINALE**, troverete un gioco gratuito!

Facile e veloce! Dai un'occhiata alla nostra collezione di libri di attività per il tuo prossimo momento di divertimento e **apprendimento,** a portata di clic!

Trova la tua prossima sfida su:

BestActivityBooks.com/MioProssimoLibro

Ai vostri posti, pronti...Via!

Sapevi che ci sono circa 7.000 lingue diverse nel mondo? Le parole sono preziose.

Amiamo le lingue e abbiamo lavorato duramente per creare libri di altissima qualità. I nostri ingredienti?

Una selezione di argomenti adatti all'apprendimento, tre buone porzioni di intrattenimento, una cucchiaiata di parole difficili e una spolverata di parole rare. Li serviamo con amore e entusiasmo in modo che tu possa risolvere i migliori giochi di parole e divertirti imparando!

La vostra opinione è essenziale. Puoi partecipare attivamente al successo di questo libro lasciandoci un commento. Ci piacerebbe sapere cosa ti è piaciuto di più di questa edizione.

Ecco un link veloce alla pagina dell'ordine:

BestBooksActivity.com/Recensione50

Grazie per il vostro aiuto e buon divertimento!

Tutta la squadra

1 - Scacchi

Խ	Ա	Ղ	Ա	Ց	Ո	Ղ	Մ	Կ	Ղ	Ճ	Է	Ք	Ժ
E	Խ	Ա	Ղ	Ց	Ռ	S	Ի	L	A	L	Ւ	Չ	A
K	Ք	Է	Թ	Մ	Ջ	Ր	Ա	Ծ	Ա	Ց	Ր	Մ	Ա
Հ	Հ	Դ	Ն	Ա	Ճ	Ը	Վ	Ծ	H	Փ	Ե	Խ	E
Ա	E	A	Ո	Ռ	Գ	Ր	Ո	Ե	Պ	Ա	Ս	Ի	Վ
Կ	Ա	S	Ի	Պ	Ս	Ո	Ր	Ն	Դ	Վ	K	Ց	Ռ
Ա	Ղ	Ջ	Պ	Ց	K	Վ	Ւ	O	Ֆ	Ն	P	Ա	Թ
Ռ	H	S	Մ	Ծ	Ի	Ա	H	Հ	Ա	Ւ	Ն	L	Ր
Ա	Ե	Ր	Ե	Ե	S	Գ	Փ	Ւ	Ի	Ո	Ղ	Ե	Ա
Կ	Պ	Դ	Չ	E	O	Ա	H	Ջ	Ի	Ղ	Ճ	Խ	Չ
Ո	Ր	Ձ	Կ	Դ	Ջ	Թ	Մ	Ր	Ց	Ո	Ւ	Յ	Թ
Ր	Ե	Ն	Ն	Ո	Ն	Ա	Կ	Ռ	K	Ս	Վ	Է	A
Դ	Ժ	Ա	Մ	Ա	Ն	Ա	Կ	Չ	Ս	Ե	Ւ	Ծ	Ց
Ո	Ռ	Դ	Ւ	Ս	Ո	Վ	Ո	Ր	Ե	L	E	Ղ	Ն

ՀԱԿԱՌԱԿՈՐԴ
ՍՊԻՏԱԿ
ՉԵՄՊԻՈՆ
ՄՐՑՈՒՅԹ
ԽԱՂԱՑՈՂ
ԽԱՂ
ԽԵԼԱՑԻ
ՍԵՒ
ՊԱՍԻՎ
ՍՈՎՈՐԵԼ
ՄԻԱՎՈՐ
ԹԱԳԱՎՈՐԸ
ԹԱԳՈՒՀԻ
ԿԱՆՈՆՆԵՐ
ՍՈՂՈՒՆ
ԺԱՄԱՆԱԿ
ՄՐՑԱԾԱՐ

2 - Salute e Benessere #2

A	Դ	Ջ	Գ	Ե	Ն	Ե	Տ	Ի	Կ	Ա	Մ	Հ	Մ
Է	Ն	Ե	Ր	Գ	Ի	Ա	E	Կ	H	Ձ	Ւ	Ի	Ա
Դ	Թ	E	P	E	A	Ը	Ճ	Ա	Ք	Ա	Ո	Վ	Ր
Ա	Ի	Տ	Ջ	Կ	Հ	Մ	Ա	Ր	Մ	Ի	Ն	Ա	Ս
Հ	Ռ	Ե	Ն	Ց	Ա	Ձ	Ի	Ա	Դ	Մ	Գ	Ն	Ո
Ի	Ո	Ո	Տ	P	Ր	Ժ	Գ	Վ	Ծ	Ո	Ն	Դ	Ղ
Վ	Ե	Մ	Ղ	Ա	Ց	H	Ր	Ի	Ք	Տ	Ա	Ո	Ո
Ա	E	Ւ	Դ	Ջ	Ա	Չ	Ե	Ո	Ծ	Ա	Կ	Ւ	Ւ
Ն	Ջ	Ո	Մ	Ճ	Ն	Խ	L	Ի	Խ	Ն	Ա	Թ	Թ
Դ	Ր	Ս	Ծ	Ռ	Ֆ	Մ	Ա	H	Ս	Ա	Ր	Ց	Ց
Ա	Ջ	Ր	Ա	Ջ	Ր	Ա	Ց	Ո	Ւ	Մ	Ե	Ո	Ո
Ն	Ճ	Ե	Ի	Հ	Ի	Գ	Ի	Ե	Ն	Ա	Վ	Ւ	Ւ
Ո	A	Մ	Ս	Ն	Ո	Ւ	Ց	Ո	Ւ	Մ	Ա	Ն	Ն
Ց	Բ	Վ	Վ	Ի	Տ	Ա	Մ	Ի	Ն	Ր	Բ	Ս	Մ

ԱԼԵՐԳԻԱ
ԱՆԱՏՈՄԻԱ
ԱԽՈՐԺԱԿ
ՄԱՐՄԻՆ
ԴԻԵՏԱ
ՄԱՐՍՈՂՈՒԹՅՈՒՆ
ՋՐԱՋՐԱՑՈՒՄ
ԷՆԵՐԳԻԱ
ԳԵՆԵՏԻԿԱ
ՀԻԳԻԵՆԱ
ՎԱՐԱԿ
ՀԻՎԱՆԴՈՒԹՅՈՒՆ
ՄԵՐՍՈՒՄ
ՍՆՈՒՑՈՒՄ
ՀԻՎԱՆԴԱՆՈՑ
ՔԱՃԸ
ՎԵՐԱԿԱՆԳՆՈՒՄ
ԱՐՅԱՆ
ԱՌՈՂՋ
ՎԻՏԱՄԻՆ

3 - Aggettivi #2

Ա	Ղ	Զ	Տ	Ս	Ւ	A	K	Ֆ	Օ	Ը	Յ	Զ	Պ
Ո	P	Մ	Վ	P	H	Ն	Փ	Կ	Ճ	Ս	Թ	Ա	Ա
Ց	Ւ	Ը	A	Փ	Զ	Ժ	Պ	Ի	Ջ	Ո	Վ	Տ	Տ
Զ	Ն	Տ	Յ	Ն	Ո	Ր	Մ	Ա	Լ	Վ	Ա	Ա	Ա
Յ	Ղ	Օ	Ե	Պ	Կ	Ր	A	Ա	Ա	Ա	Վ	Ք	Ս
Ս	Ե	Ց	Ա	Լ	Ա	Ց	Ժ	Ջ	Ռ	Ծ	Ե	Մ	Խ
Դ	Ժ	Տ	Ն	Ը	Ի	Ր	Ո	Ն	Ո	Կ	Ր	Ա	Ա
Ր	Ւ	Ս	Ա	Ե	Ղ	Ո	Տ	H	Ղ	Ֆ	Ա	Ք	Ն
Ա	Ո	Ղ	Կ	Ք	Ա	Չ	Ո	Օ	Ջ	Չ	Կ	Ո	Ա
Մ	Մ	Ը	Ա	Ֆ	Ր	Ց	Ղ	Ա	Ք	Փ	Ա	Ւ	Տ
Ա	Թ	Ր	Ն	Ե	A	Ք	Տ	Ց	Լ	Գ	Ն	Ր	Ո
Տ	Օ	Խ	Բ	E	K	Գ	Ի	Ն	Տ	Ց	Ա	Յ	Ւ
Ի	Ն	Ա	Կ	Ա	Ր	Գ	Ա	Ր	Ա	Կ	Ն	K	Խ
Կ	Ա	Ր	Դ	Ց	Ո	Ւ	Ն	Ա	Վ	Ե	Տ	Ւ	Տ

ՍՈՎԱԾ
ՉՈՐ
ՎԱՎԵՐԱԿԱՆ
ՏԱՔ
ՈՒՏԵԼԻ
ՆԿԱՐԱԳՐԱԿԱՆ
ՔԱՂՑՐ
ԴՐԱՄԱՏԻԿ
ՅԱՅՏՆԻ
ՈՒԺԵՂ

ՅԵՏԱՔՐՔԻՐ
ԲՆԱԿԱՆ
ՆՈՐՄԱԼ
ՆՈՐ
ՅՊԱՐՏ
ԱՐԴՅՈՒՆԱՎԵՏ
ՄԱՔՈՒՐ
ՊԱՏԱՍԽԱՆԱՏՈՒ
ԱՂԻ
ԱՌՈՂՋ

4 - Ingegneria

Ո	Հ	A	Չ	Օ	Շ	Շ	Լ	Լ	Թ	Ն	Դ	Ճ	Ա
Է	Մ	H	Ա	Ը	Ա	Ճ	Տ	Ս	P	Ւ	Ի	H	Ռ
Ճ	Ս	K	Փ	Ն	Ր	Ր	Չ	Ծ	Թ	Ո	Զ	Ղ	Ա
Հ	Ն	Կ	Ո	Թ	Ժ	Ե	Ւ	Ի	H	Յ	Ե	Շ	Ն
Ք	Ա	Ը	Ւ	Ղ	Ի	Ն	Փ	Գ	Ջ	Թ	Լ	Ա	Ց
Բ	Կ	Շ	Մ	Ա	Չ	Կ	P	Ա	Ո	Ւ	Ժ	Ր	Ք
Ա	Ա	Լ	Վ	A	Ս	Ա	Ը	Մ	Չ	Ո	E	Ժ	Ա
Շ	Ր	Մ	Կ	Ա	Ը	Ծ	Ռ	Ա	Չ	Ր	Շ	Ո	Ն
Խ	Ա	Տ	Ե	Լ	Ր	Լ	Է	Ր	Կ	Ո	Մ	Ւ	Կ
Ո	Ր	Մ	Ա	Ք	Ջ	Կ	Վ	Տ	Գ	Խ	Կ	Մ	Յ
Ւ	Ա	Ի	Գ	Ր	Ե	Ն	Է	Պ	Թ	Պ	Դ	Ր	Ո
Մ	Ն	Պ	Չ	Ը	Ծ	Ն	Հ	Ե	Ղ	Ո	Ւ	Կ	Ւ
Կ	Ի	Ը	Ֆ	Ց	Օ	Խ	Ա	Չ	Պ	Ք	Ծ	Ս	Ն
Տ	Շ	Դ	Ի	Ա	Գ	Ր	Ա	Մ	Գ	A	Ւ	Զ	Ս

ԱՆԿՅՈՒՆ
ԱՌԱՆՑՔ
ՀԱՇՎԱՐԿ
ՇԻՆԱՐԱՐԱԿԱՆ
ԴԻԱԳՐԱՄ
ՏՐԱՄԱԳԻԾ
ԴԻԶԵԼ
ՉԱՓԵՐԸ
ԲԱՇԽՈՒՄ
ԷՆԵՐԳԻԱ
ՈՒԺ
ԼՃԱԿՆԵՐ
ՀԵՂՈՒԿ
ՄԵՔԵՆԱ
ՉԱՓՈՒՄ
ՇԱՐԺԻՉ
ԽՈՐՈՒԹՅՈՒՆ
ՇԱՐԺՈՒՄ

5 - Archeologia

Ց	Ո	Է	Ջ	Հ	Ղ	Ֆ	Պ	Ր	Ց	Ք	E	O	Ա
Ջ	Դ	Ծ	Ծ	Ն	Ո	Ս	Կ	Ո	Ր	Ն	Ե	Ր	Ռ
Ռ	Փ	Մ	Ւ	Ո	Տ	Ա	Հ	Ա	Ն	Գ	Ն	Ք	Ե
P	Փ	Ղ	Ծ	Ւ	Ո	Ծ	Ա	Ն	Ա	Հ	Ք	Ջ	Ղ
Ն	Տ	Ղ	Ա	Թ	Զ	Պ	Ն	Հ	K	Ը	Մ	Թ	Ծ
Գ	Փ	Մ	Փ	Յ	Ա	Փ	O	Ա	Ի	Ղ	Ե	Տ	Վ
Ե	Տ	Ո	Ո	Ո	Տ	Մ	P	Յ	Հ	Ի	Ն	Ա	Ա
Ր	Ա	Ռ	Ր	Ւ	Ե	Ի	Ա	Տ	Չ	K	Պ	Ճ	Ծ
Ե	Ր	Ա	Ձ	Ն	Հ	Թ	Ձ	Ս	Ո	K	Գ	Ա	Ֆ
Զ	Ի	Ց	Ա	Ր	Ո	Ս	Ե	Ֆ	Ո	Ր	Պ	Ր	Յ
Մ	Ն	Վ	Գ	Ն	Ա	Ռ	Ա	Ժ	Տ	Ւ	Յ	O	Դ
Ա	Ե	Ա	Ե	Ե	H	Ն	Գ	Չ	Գ	L	Ն	Ձ	Ա
Ն	Ր	Ծ	Տ	O	P	Վ	Շ	K	Ա	Ժ	Գ	Ք	Է
Ե	Ժ	Ֆ	Ր	Ա	Գ	Մ	Ե	Ն	Տ	Ն	Ե	Ր	A

ՏԱՐԻՆԵՐ
ՀՆՈՒԹՅՈՒՆ
ՀԻՆ
ՄՈՌԱՑՎԱԾ
ԺԱՌԱՆԳ
ՓՈՐՁԱԳԵՏ
ՀԱՆԱԾՈ
ՖՐԱԳՄԵՆՏՆԵՐ
ԱՌԵՂԾՎԱԾ

ՈՍԿՈՐՆԵՐ
ՊՐՈՖԵՍՈՐ
ՄԱՍՈՒՆՔ
ՀԵՏԱԶՈՏՈՂ
ԱՆՀԱՅՏ
ԹԻՄ
ՏԱՃԱՐ
ԳԵՐԵԶՄԱՆ
ԳՆԱՀԱՏՈՒՄ

6 - Salute e Benessere #1

H	Ց	Մ	Հ	Վ	Ղ	P	Դ	Թ	Չ	Ն	Լ	Ս	Կ
Ծ	Լ	Ն	Ւ	Ո	Տ	Ա	Ղ	Ե	Դ	Յ	Զ	Ո	Ո
Ղ	Ր	Ժ	Ց	Ս	Ր	Ֆ	Ւ	Հ	Ո	Օ	Ժ	Վ	Տ
Ր	Լ	Φ	A	Ֆ	Վ	Մ	Ռ	Գ	K	Վ	Ջ	Ո	Ր
Մ	Ւ	Ո	Ժ	Ւ	Ո	Բ	Ո	E	P	Մ	Է	Ր	Վ
Ւ	Թ	Չ	Պ	E	Ա	Կ	Ի	Ն	Ի	Լ	Կ	Ո	Ա
Ո	Ա	Կ	Տ	Ի	Վ	Ր	Ղ	Կ	Ն	Ը	Ծ	Ւ	Ծ
Ց	Վ	Ի	Ր	Ո	Ւ	Ս	Ե	Ո	Ա	Ե	Ց	Թ	Ք
Ա	Ի	Պ	Ա	Ր	Ե	Թ	Դ	Ն	Մ	Շ	Ր	Յ	Բ
Լ	Ր	Ա	Ց	Ո	Ւ	Մ	Ն	Ե	Ր	Զ	Ի	Ո	Ժ
Ւ	Ը	Մ	Ռ	Ե	Ֆ	Լ	Ե	Ք	Ս	Ո	Մ	Ւ	Ի
Ո	Մ	Կ	Ա	Ն	Ն	Ե	Ր	Ա	Ի	Ր	Կ	Ն	Շ
Թ	K	Զ	Ղ	Պ	Պ	Բ	Շ	Օ	Օ	Օ	Ծ	Ս	Կ
Բ	Ա	Ր	Ձ	Ր	Ո	Ւ	Թ	Յ	Ո	Ւ	Ն	Ը	Ո

ՍՈՎՈՐՈՒԹՅՈՒՆ
ԲԱՐՁՐՈՒԹՅՈՒՆԸ
ԱԿՏԻՎ
ԿԼԻՆԻԿԱ
ՍՈՎ
ԴԵՂԱՏՈՒՆ
ԿՈՏՐՎԱԾՔ
ԴԵՂ
ԲԺԻՇԿ
ՄԿԱՆՆԵՐ
ՀՈՐՄՈՆՆԵՐ
ՈՍԿՈՐՆԵՐ
ԿԱՇԻ
ՌԵՖԼԵՔՍ
ԹՈՒԼԱՑՈՒՄ
ԼՐԱՑՈՒՄՆԵՐ
ԹԵՐԱՊԻԱ
ԲՈՒԺՈՒՄ
ՎԻՐՈՒՍ

7 - Aggettivi #1

Բ	Ա	Ր	Ա	Կ	Օ	Պ	Ա	Կ	Տ	Ի	Վ	Բ	Կ
Հ	Ս	Կ	Ա	Յ	Ա	Կ	Ա	Ն	Բ	Յ	Ը	Ա	Ա
Ժ	Մ	Փ	Ղ	Ռ	Պ	Ն	Տ	Ն	E	Ո	Օ	Ց	Տ
Ա	Ն	Ո	Ւ	Շ	Ա	Բ	Ո	Ւ	Յ	Ր	Կ	Ա	Ա
Ծ	Ց	Ի	Կ	Ա	Կ	Ա	Ն	Ա	Մ	Ա	Ժ	Ր	Ր
Դ	Խ	Հ	Ճ	Գ	Ե	Ս	Կ	Օ	Ջ	Գ	Ր	Ձ	Յ
Ջ	Ա	Ր	Ւ	Ն	Ր	Չ	Ա	Ձ	Ր	Ն	A	Ա	Ա
Մ	P	Ն	L	Ղ	Կ	Փ	Վ	Ց	Կ	P	Ի	Կ	L
Ձ	Ե	Ա	Դ	Ր	Ա	Ս	Ա	Տ	Ի	Ր	Ե	Վ	Ֆ
L	Փ	Ծ	K	Ա	Ր	Ը	Հ	Է	Տ	Ւ	Շ	Հ	Ս
Հ	Փ	Ի	Շ	Ի	Ղ	Օ	Ր	Ժ	Ո	Թ	Խ	Ր	Ա
Ա	Ր	Ժ	Ե	Ք	Ա	Վ	Ո	Ր	Ջ	Ֆ	K	Շ	Հ
Կ	Ա	Ր	Ե	Ւ	Ո	Ր	Յ	Ե	Կ	Ձ	Ը	E	Ճ
Ա	Ռ	Ա	Տ	Ա	Ձ	Ե	Ռ	Ն	Է	Ւ	Գ	Ճ	Ծ

ՀԱՎԱԿՆՈՏ
ԱՆՈՒՇԱԲՈՒՅՐ
ԲԱՑԱՐՁԱԿ
ԱԿՏԻՎ
ՀՍԿԱՅԱԿԱՆ
ԷԿԶՈՏԻԿ
ԱՌԱՏԱՁԵՌՆ
ԵՐԻՏԱՍԱՐԴ
ՄԵԾ
ԿԱՐԵՒՈՐ
ԴԱՆԴԱՂ
ԵՐԿԱՐ
ԺԱՄԱՆԱԿԱԿԻՑ
ԱԶՆԻՎ
ԿԱՏԱՐՅԱԼ
ԾԱՆՐ
ԱՐԺԵՔԱՎՈՐ
ԲԱՐԱԿ

8 - Geologia

Ո	Ձ	Ձ	Վ	Է	Հ	Ս	Ա	Ր	Ա	Հ	Ա	Ր	Թ
Բ	Ժ	Տ	Ք	Ր	Ր	Հ	Ա	Ն	Ք	Ա	Յ	Ի	Ն
Բ	Ի	H	Հ	Ո	Ա	O	Ղ	Կ	Ը	Ս	P	Ց	Ֆ
Ո	Յ	K	Ե	Զ	Բ	E	Բ	Ա	Ա	Տ	Փ	Վ	Շ
Ծ	Ր	Ո	Հ	Ի	Ո	Բ	Գ	L	L	Ա	Ր	Ո	Կ
Ա	Ճ	Ջ	Ւ	Ա	Ւ	Դ	Յ	Ց	Յ	L	Թ	Փ	Դ
Ն	P	Ւ	Ա	Ր	Խ	Է	Ի	Ի	Փ	Ա	Թ	Տ	Ձ
Ա	H	Ր	Գ	Ք	Ե	Ն	Թ	Ո	Գ	Կ	Ո	Յ	Է
Հ	H	Կ	H	Կ	Ա	Ղ	Ա	Ւ	Ո	Տ	Ւ	H	Ֆ
Գ	Ե	Յ	Զ	Ե	Ր	Ր	Ն	Մ	Տ	Ի	Զ	Ժ	A
Ը	Գ	Ի	Ն	Ս	Ո	Է	Ֆ	Ե	Ի	Տ	Ե	Տ	E
A	Դ	O	L	Ա	Վ	Ա	Ք	Փ	Ր	Ս	Գ	Ր	Ֆ
Յ	Զ	Ե	O	Ժ	Ր	Ա	Շ	Ա	Ր	Կ	Ր	Ե	Ե
Ր	Ե	K	Ծ	Ս	Ա	Մ	Ա	Հ	Ր	Ա	Խ	Շ	Ա

ԹԹՈՒ
ՍԱՐԱՀԱՐԹ
ԿԱԼՑԻՈՒՄ
ԱՇԽԱՐՀԱՄԱՍ
ԿՈՐԱԼ
ԲՅՈՒՐԵՂՆԵՐ
ԷՐՈԶԻԱ
ՀԱՆԱԾՈ
ԳԵՅԶԵՐ
ԼԱՎԱ
ՀԱՆՔԱՅԻՆ
ՔԱՐ
ՈՐՁԱՔԱՐ
ԱՂ
ՍՏԱԼԱԿՏԻՏ
ՇԵՐՏ
ԵՐԿՐԱՇԱՐԺ
ՀՐԱԲՈՒԽ
ԳՈՏԻ

9 - Campeggio

Գ	Տ	Ք	Փ	Կ	Կ	Տ	Ք	Չ	Ը	Յ	P	Ծ	Ւ
Լ	Ւ	Ռ	Յ	Ո	Ո	Ր	Ն	Ա	Ր	Ա	Պ	Ա	Է
Խ	Ը	Ա	Խ	Ղ	Ց	Ճ	Ա	Ա	Ր	Ի	Ւ	Ռ	Ճ
Ա	P	Տ	Գ	Մ	Փ	K	Ճ	Կ	Կ	Տ	Ռ	Ե	Լ
Ր	Ե	Ն	Ի	Ն	Ա	Դ	Ն	Ե	Կ	Ո	Ե	Ր	Ա
Կ	Է	Ա	Տ	Ա	Ջ	Ի	Մ	A	Դ	Զ	Ւ	Չ	Ր
Խ	P	A	E	Ց	Ն	Ա	Մ	Ա	Ժ	Ճ	Ւ	Մ	Կ
Շ	Դ	A	Կ	Ո	Ի	Մ	Ո	O	H	A	Ք	O	Ա
Լ	Ծ	Տ	Ն	Ւ	Ն	Ա	Վ	Ա	Կ	Ք	K	Ձ	Ծ
Ծ	Լ	Լ	Ֆ	Յ	Լ	Ո	Ւ	Ս	Ի	Ն	Շ	E	Ճ
Ճ	Ը	Ք	Ն	Ց	Լ	Կ	Ո	Ր	Ե	Ա	Տ	Շ	Ծ
Ռ	Ո	Չ	Կ	H	Ի	Թ	A	Ո	P	Ր	E	A	Ս
Ղ	Ր	Ի	Ի	Գ	Ճ	Տ	Ը	Դ	Բ	Վ	O	Ց	Մ
Բ	Ն	Ո	Ւ	Թ	Յ	Ո	Ւ	Ն	Ֆ	Ռ	Ը	Ա	Ջ

ԾԱՌԵՐ
ԿԵՆԴԱՆԻՆԵՐ
ԱՐԿԱԾ
ԿՈՂՄՆԱՑՈՒՅՑ
ՏՆԱԿՈՒՄ
ՈՐՍ
ՆԱՎԱԿ
ԳԼԽԱՐԿ
ՊԱՐԱՆ
ԺԱՄԱՆՑ
ԱՆՏԱՌ
ԿՐԱԿ
ՄԻՋԱՏ
ԼԻՃ
ԼՈՒՍԻՆ
ՔԱՐՏԵԶ
ԼԵՌ
ԲՆՈՒԹՅՈՒՆ
ՎՐԱՆ

10 - Arti Visive

Է	Ւ	Ք	Փ	Ա	Յ	Տ	Ա	Ծ	Ո	Ւ	Խ	Ժ	Խ
Կ	Ա	Զ	Մ	Ը	Հ	Ե	Ռ	Ա	Ն	Կ	Ա	Ր	Ի
Ն	Ծ	A	Կ	Ի	Տ	Ի	Ի	Դ	Ձ	Յ	H	A	Ս
Ֆ	Կ	Վ	Ե	P	Ց	Հ	A	Ն	Զ	E	Ջ	Ճ	Ջ
Ի	Մ	Ա	Լ	O	Մ	Չ	Կ	Ր	Ե	Կ	Տ	Ա	Պ
Լ	Լ	Ա	Ր	Ա	Կ	Ի	Մ	Ա	Ր	Ե	Կ	Ն	Դ
Մ	Ա	Զ	Տ	Ի	Յ	Ր	Փ	Կ	Վ	Բ	Ա	Կ	Ի
Ք	Ք	Ց	Ժ	Ի	Չ	Գ	Չ	Ն	Տ	Ի	Վ	Ա	Մ
Գ	Կ	Զ	K	Զ	Տ	Զ	Ճ	Ա	Ւ	Ը	Ճ	Ր	Ա
Շ	Ա	Բ	Լ	Ո	Ն	Զ	Տ	Ս	Գ	Գ	Ժ	Ջ	Ն
Կ	Դ	A	Հ	Չ	Մ	Ծ	Ջ	Ւ	Բ	K	Փ	Խ	Կ
Ո	Ն	Ձ	Չ	Մ	Ո	Վ	Վ	Ո	Ռ	Պ	Դ	Լ	Ա
Ք	Ա	Ճ	Գ	Հ	Մ	E	Հ	Լ	Հ	Ծ	Ռ	Ն	Ր
Ժ	Ք	Կ	Գ	Լ	Ո	Ւ	Խ	Գ	Ո	Ր	Ծ	Ո	Ց

ԿԱՎ
ՆԿԱՐԻՉ
ԳԼՈՒԽԳՈՐԾՈՑ
ՓԱՅՏԱԾՈՒԽ
ՊԱՏԿԵՐ
ՄՈՄ
ԿԵՐԱՄԻԿԱ
ԿԱԶՄԸ
ՖԻԼՄ
ԼՈՒՍԱՆԿԱՐ

ԿԱՎԻՃ
ՄԱՏԻՏ
ԳՐԻՉ
ՆԿԱՐ
ՀԵՌԱՆԿԱՐ
ԴԻՄԱՆԿԱՐ
ՔԱՆԴԱԿ
ՇԱԲԼՈՆ
ԼԱՔ

11 - Tempo

Ա	Մ	Ի	Ս	E	Ր	Շ	Ի	P	Գ	Գ	Դ	P	Տ
Ճ	K	Ի	Բ	Ւ	Ո	Ա	Ը	Ֆ	Ա	Ի	Ք	L	H
Վ	Պ	Ր	Ջ	Ց	Պ	Բ	Ճ	E	Ձ	Ժ	Շ	Կ	K
Ա	Պ	Ա	Գ	Ա	Ե	Ա	Ճ	Շ	Վ	Ա	Տ	Ե	Ա
Ց	E	Տ	Դ	Ց	Հ	Թ	Ր	Ո	Ք	Մ	Ա	Ր	Ր
Յ	Կ	Ն	Ա	Ե	Ջ	Ժ	Է	Ւ	Թ	Ա	Ս	Ե	Ա
Ւ	Ի	Ս	Ա	Ր	P	Օ	Ր	Տ	Ր	Ց	Ն	A	Դ
Ո	Գ	Շ	Շ	Խ	Ե	Փ	Ր	Ո	H	Ո	Ա	Բ	P
Ց	K	Ը	Ս	Հ	Ք	Կ	Ղ	Վ	Կ	Ւ	Մ	Ն	H
Ա	Ռ	Ա	Վ	Ո	Տ	Ա	Ա	Ռ	Ե	Յ	Յ	Թ	Ք
Ր	Ի	Ո	Ֆ	Տ	Ձ	Ծ	Ն	Ն	Ս	Ց	Ա	A	Ղ
Օ	Ժ	Ա	Մ	Ե	Ֆ	Ն	Խ	Շ	Օ	Պ	Կ	Կ	Ց
A	L	Փ	Ս	Հ	Ո	Հ	A	Ճ	Ր	Օ	Ս	Յ	Ա
P	Տ	Թ	Ւ	A	Է	Կ	Ռ	Օ	Խ	Ե	Չ	Ճ	Ո

ՏԱՐԻ
ՏԱՐԵԿԱՆ
ՕՐԱՑՈՒՅՑ
ՏԱՍՆԱՄՅԱԿ
ՀԵՏՈ
ԱՊԱԳԱ
ՕՐ
ԵՐԵԿ
ԱՌԱՎՈՏ
ԱՄԻՍ
ԿԵՍՕՐ
ՐՈՊԵ
ԳԻՇԵՐ
ԱՅՍՕՐ
ԺԱՄ
ԺԱՄԱՑՈՒՅՑ
ՇՈՒՏՈՎ
ՆԱԽՔԱՆ
ԴԱՐ
ՇԱԲԱԹ

12 - Astronomia

Կ	Տ	Ա	Լ	Ւ	Ո	Բ	Ե	Ն	Է	Հ	Ա	Ե	Պ
Ր	Դ	Ի	Բ	Ի	Ջ	Ժ	Ր	Խ	Ք	Ե	Ս	Ր	Ւ
Խ	Ի	P	Ե	Ժ	Ք	H	Կ	Հ	Վ	Ռ	Տ	Կ	Ր
Հ	Ո	Է	Տ	Զ	Ր	Ա	Ի	Ն	Ի	Ա	Ղ	Ն	Ա
Ի	Ր	Ո	Ե	Տ	Ե	Մ	Ն	Ը	Ն	Դ	Ա	Ա	Ս
Բ	Ե	Թ	E	Հ	Զ	Ր	Ք	Է	Ո	Ի	Դ	Յ	Տ
Մ	Տ	Բ	Ի	Ճ	Ե	Ի	Ա	Դ	Ք	Տ	Ի	Ի	Ղ
Փ	Ս	Ռ	Ե	Ռ	Ի	Կ	Ց	Գ	Ս	Ա	Տ	Ն	Ա
Յ	Ա	Վ	Խ	Ճ	Տ	Ր	Ղ	Պ	Ե	Կ	Ա	Լ	Գ
Դ	Ն	Ի	Յ	Ա	Ւ	Ե	Ր	Ա	K	Տ	Ր	Ո	Ե
Ճ	Ա	Ռ	Ա	Գ	Ա	Յ	Թ	Ո	Ւ	Մ	Ա	Ւ	Տ
Մ	Ո	Լ	Ո	Ր	Ա	Կ	Ը	Վ	Ֆ	Ր	Ն	Ս	Յ
Գ	Ա	Լ	Ա	Ք	Ս	Ի	Ա	Ի	Ճ	Է	H	Ի	Ղ
Ս	Ո	Ւ	Պ	Ե	Ր	Ն	Ո	Վ	Ա	Փ	Խ	Ն	Զ

ԱՍՏԵՐՈԻԴ
ՏԻԵԶԵՐԱԳԵՏ
ԱՍՏՂԱԳԵՏ
ԵՐԿՆԱՅԻՆ
ԵՐԿԻՆՔ
ԷՔՎԻՆՈՔՍ
ԳԱԼԱՔՍԻԱ
ԼՈՒՍԻՆ
ՄԵՏԵՈՐ
ՆԵԲՈՒԼԱ
ԱՍՏՂԱԴԻՏԱՐԱՆ
ՄՈԼՈՐԱԿ
ՃԱՌԱԳԱՅԹՈՒՄ
ՀՐԹԻՌ
ԱՐԵՒԱՅԻՆ
ՍՈՒՊԵՐՆՈՎԱ
ՀԵՌԱԴԻՏԱԿ
ԵՐԿԻՐ
ՏԻԵԶԵՐՔ

13 - Circo

Կ	Ա	Խ	Ա	Ր	Դ	Մ	Մ	Ռ	Վ	Ս	Ր	Փ	Գ
Ջ	Ս	O	Մ	Ը	Ս	Դ	Դ	Ձ	Ղ	Ա	Ե	Ո	P
Փ	Մ	A	L	Ը	Ջ	Ծ	Բ	Փ	Վ	Է	Ն	Ւ	Ջ
Ճ	Ո	Ո	Ւ	L	Չ	Է	Ա	Ք	Խ	Ծ	Ի	Չ	Փ
Ր	Տ	Կ	Ո	Ս	Տ	Յ	Ո	Ւ	Մ	Խ	Ն	Ի	Փ
Տ	Ա	Ռ	Ծ	Փ	Ա	Հ	Կ	Է	Բ	L	Ա	Կ	Ն
K	Բ	O	Ա	Ռ	Ջ	Ռ	Ն	Ա	Ե	Խ	Դ	Ն	Թ
Է	Ո	Ճ	Ր	Փ	Ո	Փ	Յ	Ա	Պ	Ճ	Ն	Ե	Ո
Փ	Ր	Ճ	Ղ	Ս	Ն	Ւ	Ճ	Ո	Ր	Ի	Ե	Ր	E
Ի	Կ	Ք	Ա	Մ	Գ	Ֆ	Ձ	Ե	Ւ	Ք	Կ	H	Ծ
Ղ	Ա	Ե	Ծ	Ց	L	Ճ	Ե	Խ	E	Ծ	Ղ	Ժ	Ց
Բ	Ս	Ր	Ե	Ս	Ե	Տ	Ա	Ս	Ի	Դ	Ն	Ա	Հ
Ֆ	Հ	Թ	A	Ձ	Ր	Գ	Ա	Վ	Ս	Ւ	Չ	Ջ	Գ
Կ	Ա	Խ	Ա	Ր	Դ	Ա	Կ	Ա	Ն	Ա	Ր	Վ	Չ

ԱԿՐՈԲԱՏ
ԿԵՆԴԱՆԻՆԵՐ
ՏՈՄՍ
ԾԱՂՐԱԾՈՒ
ԿՈՍՏՅՈՒՄ
ՓԻՂ
ՋՈՆԳԼԵՐ
ԱՌՅՈՒԾ
ԿԱԽԱՐԴԱԿԱՆ
ԿԱԽԱՐԴ
ՇՈՈՒ
ՓՈՒՉԻԿՆԵՐ
ՇՔԵՐԹ
ԿԱՊԻԿ
ՀԱՆԴԻՍԱՏԵՍ
ՎՐԱՆ
ՎԱԳՐ
ՀՆԱՐՔ

14 - Algebra

Մ	Կ	Ե	Ղ	Ծ	Ն	Ռ	Ո	Հ	Ջ	Ֆ	Խ	Լ	Է
Ց	Ա	Ը	Շ	Ճ	Ն	Ի	Յ	Ա	Ծ	Գ	Ժ	Ա	Ք
K	Գ	Տ	Ղ	Ժ	Յ	Ճ	Գ	Վ	Ծ	Մ	P	Բ	Ս
Ն	Ո	Ծ	Ր	Ո	Գ	Հ	Ո	Ա	H	Փ	Ր	Ց	Պ
Ա	Ց	Մ	Լ	Ի	Լ	Ա	Ւ	Ս	Թ	Ի	Վ	O	Ո
Խ	Ն	Դ	Ի	Ր	Ց	O	Մ	Ա	Ձ	Գ	Ն	Ն	Ն
E	Ո	Ջ	Լ	K	Հ	Ա	Ա	Ր	Դ	Ր	Ա	Ա	Ե
Բ	E	Ա	E	Ը	Ե	O	Ր	Ո	Փ	Ա	Մ	Կ	Ն
Լ	Ո	Ւ	Ծ	Ո	Ւ	Մ	Կ	Ւ	Ա	Ֆ	Հ	Ա	Տ
Բ	Ա	Ն	Ա	Ձ	Ե	Ւ	Ը	Մ	Կ	Ի	Ա	Խ	Ս
Հ	Ա	Ն	Ո	Ւ	Մ	Զ	Ր	Ո	Ա	Կ	Ս	Ո	Վ
Պ	Ա	Ր	Զ	Ե	Ց	Ն	Ե	Լ	Գ	Բ	Ն	Փ	Ւ
Թ	Գ	Ց	Փ	Մ	Ա	Ր	Գ	Ա	Ի	Դ	Ա	Ո	Փ
Տ	Փ	Պ	Փ	A	Ծ	Վ	Գ	Ր	Ծ	Թ	Ո	Փ	O

ԴԻԱԳՐԱՄ
ՀԱՎԱՍԱՐՈՒՄ
ԷՔՍՊՈՆԵՆՏ
ԿԵՂԾ
ԳՈՐԾՈՆ
ԲԱՆԱՁԵՒԸ
ՄԱՍ
ԳՐԱՖԻԿ
ԱՆՍԱՀՄԱՆ
ԳԾԱՅԻՆ
ՄԱՏՐԻՑԱ
ԹԻՎ
ՓԱԿԱԳԻԾ
ԽՆԴԻՐ
ՊԱՐԶԵՑՆԵԼ
ԼՈՒԾՈՒՄ
ԳՈՒՄԱՐ
ՀԱՆՈՒՄ
ՓՈՓՈԽԱԿԱՆ
ԶՐՈ

15 - Mitologia

Վ	Ը	Լ	Շ	Ը	Ճ	Ձ	Կ	E	Ս	E	A	Մ	Ժ
Յ	E	Է	Ծ	Ֆ	Ժ	Խ	Ա	Է	Տ	Լ	Ց	Շ	Զ
Չ	Ջ	Խ	Ա	Ն	Դ	Ը	Խ	Ա	Ե	Ա	Ղ	Ա	Ե
H	Թ	Ը	Ր	Ս	Ն	Ս	Ա	Ղ	Ղ	Բ	Է	Կ	Շ
Մ	Ծ	Ց	Ա	H	Ե	Փ	Ր	Ե	Ծ	Ի	Ձ	Ո	Ւ
Հ	Շ	Գ	Ր	Ո	Գ	Ծ	Դ	Տ	Ո	Ր	Ա	Ւ	Լ
Ճ	Ե	Վ	Ա	Ջ	Ե	Ր	Ա	Չ	Ւ	Ի	Ր	Յ	Շ
Վ	Ր	Ր	Ա	H	Լ	P	Կ	Պ	Մ	Ն	Ք	Թ	Ո
Ր	Հ	Ե	Ո	Ֆ	Ս	Ջ	Ա	Ձ	Գ	Թ	Ե	Կ	Ւ
Ե	Տ	Մ	Ր	Ս	Ի	Ծ	Ն	Ծ	Չ	Ո	Տ	Ա	Ժ
Ժ	Յ	Ց	Ը	Կ	Ի	Մ	Զ	Ա	Ռ	Ս	Ի	Յ	Ւ
Մ	Օ	Փ	Հ	Հ	Ի	Է	Ք	Ց	Ո	Յ	Պ	Ծ	Ա
Ի	K	Չ	Կ	Ե	Ձ	Ն	Ո	Ր	Ո	Տ	Ժ	Ա	Ժ
Չ	Բ	Օ	Ծ	Ի	Գ	Ա	Ք	Ր	Ա	Վ	Ղ	Կ	Օ

ԱՐՔԵՏԻՊ
ՎԱՐՔԱԳԻԾ
ԱՐԱՐԱԾ
ՍՏԵՂԾՈՒՄ
ՄՇԱԿՈՒՅԹ
ԱՂԵՏ
ՀԵՐՈՍ
ՈՒԺ
ԿԱՅԾԱԿ
ԽԱՆԴԸ
ՌԱԶՄԻԿ
ԼԱԲԻՐԻՆԹՈՍ
ԼԵԳԵՆԴ
ԿԱԽԱՐԴԱԿԱՆ
ՀՐԵՇ
ԵՐԿԻՆՔ
ՈՐՈՏ
ՎՐԵԺ

16 - Piante

Դ	Հ	Օ	Ժ	Չ	Չ	Վ	Գ	Թ	Լ	Օ	Բ	Ր	Հ
E	E	A	Թ	Ջ	Շ	Ւ	Ե	Ր	Ե	Տ	Ո	K	Ա
Ռ	Տ	Ռ	Ւ	Ո	Մ	Ա	Մ	Ա	Ճ	Ր	Ւ	Ա	Տ
Ա	Ե	Ո	Ո	Բ	Մ	Ա	Բ	Ղ	Ա	Ի	Շ	Վ	Ա
Ծ	Ր	Ձ	Յ	Ս	Ղ	Ո	Վ	Ա	Ր	Ո	Լ	Ֆ	Պ
Ր	Ր	Մ	Ն	Ռ	Ո	Կ	P	Ս	Թ	K	Ջ	Չ	Տ
Ս	A	Մ	Ա	Ա	Յ	Գ	Ի	Բ	Ո	Լ	Ո	Յ	Ո
Ն	Է	Շ	Տ	Տ	Տ	Ս	Խ	Ղ	K	Ռ	Ւ	Ձ	Ւ
H	Ը	E	Ր	Ն	Ա	Ւ	Ե	Ր	Ա	Խ	Ն	Դ	Ղ
Ղ	Ն	Ե	Ա	Ա	Խ	Ո	Տ	Դ	Ն	Ծ	Գ	E	Հ
Ջ	Ի	Ը	Ր	Ա	P	Տ	Փ	K	Ծ	Տ	Լ	Ը	Փ
H	Բ	Կ	Ա	Պ	K	Կ	H	Է	Դ	Բ	Ի	Ֆ	Ծ
Ֆ	Ծ	Օ	Պ	Լ	Տ	Ա	Բ	Է	Պ	Ջ	Ջ	Ի	Օ
Ի	Ձ	Ռ	Թ	Ղ	Գ	Կ	Ժ	Բ	Ը	E	Ւ	Վ	Ջ

ԾԱՌ
ՀԱՏԱՊՏՈՒՂ
ԲԱՄԲՈՈ
ԿԱԿՏՈՒՍ
ԲՈՒՇ
ԱՃԵԼ
ԽՈՏ
ԼՈԲԻ
ՊԱՐԱՐՏԱՆՅՈՒԹ
ԾԱՂԻԿ
ՖԼՈՐԱ
ՏԵՐԵՒ
ՍԱՂԱՐԹ
ԱՆՏԱՌ
ԱՅԳԻ
ՋՈՒՆԳԼԻ
ՄԱՄՈՒՌ
ԹԵՐ
ԱՐՄԱՏ
ԱՐԵՒ

17 - Spezie

Տ	Կ	Ի	Դ	Ք	Հ	Դ	Մ	Ք	K	P	Շ	Ք	Ե
Զ	Ը	Թ	Ա	Օ	Ա	Ա	Շ	Ռ	Ր	Ց	Ղ	Ա	Ք
H	Յ	Ճ	Ռ	Խ	Մ	Ր	Կ	Ց	H	Ք	Ը	Ղ	Պ
Ո	Դ	Զ	Ը	Կ	Ե	Չ	Ը	Լ	Ց	Զ	Ո	P	Ֆ
Հ	Ա	Մ	Ը	Ա	Մ	Ի	Ն	Ա	Մ	Ա	Չ	Ւ	Գ
A	Կ	Ղ	Բ	Ր	Ս	Ն	Կ	Ղ	Ս	Ջ	Մ	Լ	Մ
Մ	Ի	Ո	Օ	Ր	Խ	Խ	Ո	Ո	H	Հ	Բ	H	Տ
Ց	Ր	Ճ	Ծ	Ի	K	Փ	Ւ	Մ	Թ	Ր	Ե	Պ	Դ
K	Պ	Յ	Գ	Ը	Շ	Պ	Յ	Հ	Ի	Լ	Հ	Ո	Դ
Զ	Ա	Ֆ	Ր	Ա	Ն	Ղ	Զ	Ա	Մ	Ա	Ն	Ի	Ս
Բ	Պ	Ա	Բ	Ի	Տ	Պ	Ա	Ղ	Ա	Ջ	Դ	Դ	Ւ
Ֆ	Ճ	Կ	Ծ	Ս	Գ	Ե	Ի	Ի	Ս	Կ	Տ	Է	Ղ
Յ	Ի	Ք	Փ	P	Ո	Ղ	Պ	Օ	Օ	P	Շ	Ց	K
Ս	Խ	Տ	Ո	Ր	Ջ	Խ	E	Ռ	Ֆ	Մ	Ա	Փ	Զ

ՍԽՏՈՐ
ԴԱՌԸ
ԱՆԻՍ
ԴԱՐՉԻՆ
ՀԻԼ
ՍՈԽ
ՀԱՄԵՄ
ՉԱՄԱՆ
ՔՐՔՈՒՄ
ԿԱՐՐԻ
ՔԱՂՑՐ
ՍԱՄԻԹ
ՀԱՄԸ
ՄՇԿԸՆԿՈՒՅԶ
ՊԱՊՐԻԿԱ
ՊՂՊԵՂ
ԱՂ
ԶԱՖՐԱՆ

18 - Numeri

Տ	Ճ	Թ	Բ	Ն	Բ	Տ	Ծ	H	Կ	Շ	Ի	Ե	Տ
Ա	Ե	Կ	Ն	Ս	Խ	Ր	Ա	Օ	Ծ	Ճ	Ռ	Ֆ	Ա
Ս	Ր	Ո	Չ	Ն	Ս	Ա	Տ	Ս	Ր	Ո	Չ	P	Ս
Ն	Ե	Ն	Ա	Կ	Ա	Դ	Ր	Ո	Ն	Ս	Ա	Տ	Ը
Ի	Ք	Ւ	Ո	Կ	Ր	Ե	Ն	Զ	Տ	Յ	Հ	Ֆ	Ո
Ն	Ն	Վ	Ո	Ղ	Ժ	Ա	Է	L	Ա	Ս	Ո	Չ	Ւ
Ը	Բ	Բ	Յ	Կ	Ճ	Է	L	Պ	Ս	Ռ	Յ	Թ	Թ
Տ	Ա	Ս	Ն	Ե	Ր	Ե	Ք	K	Ն	Զ	Վ	Ո	Ւ
H	Բ	Ֆ	Ա	A	Ց	Ե	Վ	Ֆ	Վ	Ճ	Ր	Յ	Ո
Ժ	Ֆ	Ր	Ս	Ց	Ո	K	Ն	Է	Ե	H	H	Ո	Ն
Բ	Զ	Տ	Ք	Ն	Ս	Ֆ	Ֆ	Ս	Ց	Զ	Հ	Զ	Ս
Տ	Ա	Ս	Ն	Հ	Ի	Ն	Գ	Հ	Ա	Ց	Ի	Զ	Ա
O	Թ	Մ	Վ	H	K	Ւ	Է	Պ	L	Տ	Ն	Չ	Տ
Ւ	Ճ	Ի	Ն	Ը	H	Ժ	Մ	A	Ց	Զ	Գ	Տ	Ց

ՀԻՆԳ
ՏԱՍՆՈՐԴԱԿԱՆ
ՏԱՍՆԻՆԸ
ՏԱՍՆՅՈԹ
ՏԱՍՆՈՒԹ
ՏԱՍԸ
ՏԱՍՆԵՐԿՈՒ
ԵՐԿՈՒ
ԻՆԸ
ՈՒԹ
ՏԱՍՆՉՈՐՍ
ՉՈՐՍ
ՏԱՍՆՀԻՆԳ
ՏԱՍՆՎԵՑ
ՎԵՑ
ՅՈԹ
ԵՐԵՔ
ՏԱՍՆԵՐԵՔ
ՔՍԱՆ
ԶՐՈ

19 - Cioccolato

Լ	Յ	Տ	Կ	Չ	Ի	Ր	Դ	Ա	Ղ	Ա	Բ	Դ	Ց
Փ	Ո	Շ	Ի	Հ	Ֆ	Ե	Ո	Ա	Կ	Ա	Կ	Բ	Շ
Մ	Թ	Ի	Ֆ	Ջ	P	Ն	Գ	O	Ռ	K	Ղ	Ա	Ա
Ո	Ւ	Տ	Ե	Լ	E	Ա	Պ	Հ	Ի	Ը	Ձ	Ղ	Ք
Կ	Ե	Կ	Ք	Ե	Ֆ	Ի	Ճ	Չ	Ր	Ա	Տ	Ա	Ա
Ո	Կ	Ձ	Չ	Մ	Մ	Ր	Ճ	Ք	Թ	P	Ռ	Դ	Ր
Կ	Դ	Ռ	Ւ	Ա	Ղ	Ո	Ո	Ր	Ա	Կ	Գ	Ր	Է
Մ	Ց	Յ	Ա	Ր	Գ	Լ	Հ	Ա	Մ	Ե	Ղ	Ա	Կ
Ծ	Դ	Խ	Ռ	Ա	A	Ա	Ւ	Ր	Ս	Ւ	Ք	Տ	Ջ
Ժ	Ր	Է	Ց	Կ	P	Կ	A	Ձ	Ի	P	Ս	Ո	Ո
Բ	Ո	Ւ	Ր	Մ	Ո	Ւ	Ն	Ք	Ր	Բ	Շ	Մ	Տ
Տ	Ն	Ա	Դ	Ի	Ս	Ք	Ա	Կ	Ա	Հ	Շ	Ս	Ի
Մ	Ք	Ա	Ղ	Ց	Ր	Գ	Ռ	Ձ	Ծ	Ճ	Ի	Ը	Կ
Ք	Հ	Ա	Մ	Կ	Ի	Ծ	Տ	Հ	Ո	Ե	Ժ	Ձ	Ւ

ԴԱՌԸ
ՀԱԿԱՔՍԻԴԱՆՏ
ԲՈՒՐՄՈՒՆՔ
ԿԱԿԱՈ
ԿԱԼՈՐԻԱՆԵՐ
ԿԱՐԱՄԵԼ
ՀԱՄԵՂ
ՔԱՂՑՐ
ԷԿԶՈՏԻԿ
ՀԱՄ
ԲԱՂԱԴՐԻՉ
ՈՒՏԵԼ
ԿՈԿՈՍ
ՓՈՇԻ
ՍԻՐԱԾ
ՈՐԱԿ
ԲԱՂԱԴՐԱՏՈՄՍԸ
ՇԱՔԱՐ

20 - Guida

Զ	Գ	Ո	Ւ	Շ	Ո	Ւ	Թ	Յ	Ո	Ւ	Ն	Ձ	K
Ց	Վ	Ճ	Մ	Ր	Ե	Ն	Կ	Ա	Լ	Ե	Գ	Ր	Ա
Վ	Ա	Ց	Տ	Լ	Պ	Հ	Ր	Ա	Պ	Ա	Ն	Ա	Ճ
Տ	Ր	Ա	Թ	Վ	Ղ	Զ	Ո	Ռ	H	Ճ	Ի	Ի	Զ
Ա	Ո	P	Ւ	Թ	Ր	Ւ	Տ	Ց	Կ	Ջ	Յ	Զ	Լ
Ն	Ր	Թ	Ս	Ւ	Ո	Բ	Ո	Տ	Վ	Ա	Ա	Ն	Մ
Գ	Դ	H	P	Մ	Գ	Ւ	Մ	Ա	Շ	Ձ	Ն	Ե	Ւ
Ո	Ո	Ջ	Բ	Զ	Ե	Ջ	Ն	Ճ	Հ	Պ	Տ	Ց	Ո
Դ	Է	Ց	Ն	Մ	Յ	Ք	Ղ	Ե	Ւ	Չ	Ո	Ի	Ժ
Վ	Ա	Ռ	Ե	Լ	Ի	Ք	Ե	Յ	Լ	Դ	Ի	Լ	Ր
Հ	Շ	Ա	Ր	Պ	Է	Կ	Ա	Ն	Տ	Ո	Տ	Վ	Ա
Մ	Ո	Տ	Ո	Ց	Ի	Կ	Լ	A	Ա	Ֆ	Ե	Ռ	Շ
Ք	Մ	Փ	Ո	Խ	Ա	Դ	Ր	Ո	Ւ	Մ	Հ	Պ	Թ
Ք	Ա	Ր	Տ	Ե	Զ	Ծ	Ս	Ձ	H	Գ	Յ	Ջ	Հ

ԶԳՈՒՇՈՒԹՅՈՒՆ
ՎԱՐՈՐԴ
ՄԵՔԵՆԱ
ԱՎՏՈԲՈՒՍ
ՎԱՌԵԼԻՔ
ԱՐԳԵԼԱԿՆԵՐ
ԱՎՏՈՏՆԱԿ
ԳԱԶ
ՎԹԱՐ
ԼԻՑԵՆԶԻԱ

ՔԱՐՏԵԶ
ՄՈՏՈՑԻԿԼ
ՄՈՏՈՐ
ՀԵՏԻՈՏՆԱՅԻՆ
ՎՏԱՆԳ
ՃԱՆԱՊԱՐՀ
ՇԱՐԺՈՒՄ
ՓՈԽԱԴՐՈՒՄ
ԹՈՒՆԵԼ

21 - I Media

Գ	Մ	Ղ	Ջ	Պ	Հ	A	Կ	K	Վ	Ա	Ք	Թ	Լ
Ք	Ւ	Յ	Խ	Ճ	Ա	Լ	Ա	P	K	Ռ	Զ	H	Կ
Գ	Ո	Վ	Ա	Զ	Դ	Տ	Պ	Ց	Ղ	Ց	Փ	Է	Ր
Տ	Ր	Ե	Թ	Ր	Ե	Թ	Կ	Ռ	Ռ	Ա	Ւ	Լ	Թ
Ե	Ո	Ի	Դ	Ա	Ռ	Ր	Փ	Ե	E	Ն	Լ	Ժ	Ո
Ղ	Վ	Ա	Դ	Խ	Ա	E	Վ	Վ	Ր	Ց	Թ	Ղ	Ւ
Ա	Ա	Մ	Պ	Ժ	H	Ն	E	Ջ	Ց	Ն	Ա	Ց	Թ
Կ	Ս	Ս	H	E	Ֆ	Մ	Հ	Վ	Ք	Ք	Ե	K	Յ
Ա	Ն	Ա	Ն	Ե	Ց	Շ	Ե	Ա	Ֆ	Ֆ	Ք	Ր	Ո
Ն	Ա	Գ	Ք	Ի	Ծ	Ր	Ա	Կ	Տ	Ժ	Ի	Յ	Ւ
Է	Ն	Ր	Յ	E	Յ	Ժ	Ճ	E	Ք	Ա	Կ	Բ	Ն
Ռ	Ի	Ե	Վ	Ղ	Փ	Ա	Ս	Տ	Ե	Ր	Կ	Օ	Դ
K	Ֆ	Ր	Մ	Զ	Ռ	Հ	Վ	Շ	Ջ	Շ	Ի	Ա	Ց
Խ	Ե	Լ	Ա	Ց	Ի	Ց	K	Թ	Ա	Ժ	Լ	Ը	Ն

ԿԱՊ
ԹՎԱՅԻՆ
ԿՐԹՈՒԹՅՈՒՆ
ՓԱՍՏԵՐ
ՖԻՆԱՆՍԱՎՈՐՈՒՄ
ԹԵՐԹԵՐ
ՊԱՏԿԵՐՆԵՐ
ԱՆՀԱՏԱԿԱՆ
ԽԵԼԱՑԻ
ՏԵՂԱԿԱՆ
ԱՌՑԱՆՑ
ԿԱՐԾԻՔ
ԳՈՎԱԶԴ
ՌԱԴԻՈ
ՑԱՆՑ
ԱՄՍԱԳՐԵՐ

22 - Forza e Gravità

Մ	Ձ	Գ	Ի	Է	Մ	Դ	Շ	Ա	Ր	Ժ	Ո	Ւ	Մ
Ո	Ց	Ժ	Մ	Ը	Ւ	Ա	Ի	Տ	Ժ	Ծ	K	Փ	Ա
Լ	Վ	Ջ	Տ	Փ	Ո	Կ	Գ	Ն	Ո	Ե	Ւ	Յ	Կ
Ո	Յ	Բ	Ֆ	Ճ	Ց	Ի	P	Ն	Ա	Ի	Վ	Զ	Ի
Ր	Ո	Փ	Ֆ	Լ	Ա	Ձ	Խ	Ս	Ե	Մ	Տ	Լ	Ն
Ա	P	Ւ	Ջ	Ս	Բ	Ի	Բ	Ւ	Ց	Տ	Ի	Դ	Ա
Կ	Զ	Պ	Ն	A	Յ	Ֆ	Ը	Տ	Ծ	P	Ի	Կ	Խ
Ն	Զ	P	Ո	Ի	Ճ	Ն	Շ	Ո	Ւ	Մ	Չ	Ձ	Ե
Ե	Տ	Ի	Ճ	Թ	Վ	Ռ	Խ	Ո	Ր	Լ	Ւ	Լ	Մ
Ր	Ք	Ա	Շ	Ը	Պ	Ե	Ա	Ռ	Ա	Ն	Ց	Ք	Խ
Օ	Շ	Պ	Ծ	Ց	Զ	Գ	Ր	Ի	Ծ	Ե	Ղ	Ւ	Ո
Կ	Ե	Ն	Տ	Ր	Ո	Ն	Ռ	Ս	Է	Ա	Կ	Ռ	Ձ
Ջ	Փ	Ս	A	Կ	Չ	Կ	Ա	Ն	Ա	Մ	Ա	Ժ	Պ
Ա	Ր	Ա	Գ	Ա	Ց	Ն	Ե	Լ	Է	Լ	Գ	Ա	Յ

ԱՐԱԳԱՑՆԵԼ
ԱՌԱՆՑՔ
ԿԵՆՏՐՈՆ
ԴԻՆԱՄԻԿ
ՖԻԶԻԿԱ
ՄԱԳՆԵՏԻԶՄ
ՄԵԽԱՆԻԿԱ
ՇԱՐԺՈՒՄ
ՈՒՂԵԾԻՐ
ՔԱՇԸ
ՄՈԼՈՐԱԿՆԵՐ
ՃՆՇՈՒՄ
ԲԱՑՈՒՄ
ԺԱՄԱՆԱԿ
ՈՒՆԻՎԵՐՍԱԼ

23 - Sport

Զ	Ո	Գ	Ւ	Է	Ժ	Գ	Ը	Ճ	Ս	Մ	Փ	Լ	Ռ
Խ	Ձ	Ի	Դ	Գ	Է	Ց	Ղ	Ո	Ց	Ա	Ղ	Ա	Խ
Թ	Ա	Մ	Մ	H	Մ	Չ	Յ	Պ	Տ	Ր	Ժ	Շ	Ո
Ե	Ր	Ն	Թ	Ա	Ժ	Ա	Վ	Կ	Ի	Զ	Ր	Ա	Մ
Ն	Շ	Ա	Ճ	Ի	Ր	Ս	Ձ	Ց	Ֆ	Ի	Ո	Շ	A
Ի	P	Զ	Ւ	Զ	Մ	Զ	A	Չ	Ա	Չ	Վ	Ա	Պ
Ս	Ճ	Ի	Հ	Է	H	Բ	Ա	Ա	Ճ	Փ	Ա	Ր	Ֆ
Ե	Ժ	Ա	Բ	Հ	Գ	Է	Ղ	Դ	Լ	Լ	Տ	Ժ	Ք
Վ	Խ	Լ	Ո	Բ	Տ	Ե	Կ	Ս	Ա	Բ	Ա	Ո	Փ
Ր	Ւ	Գ	Ո	Լ	Ֆ	Հ	Ր	Խ	Ֆ	Շ	Դ	Ւ	Վ
Հ	Ե	Ծ	Ա	Ն	Ի	Վ	Ժ	Դ	Ա	Բ	Տ	Մ	Չ
Լ	Ո	Ղ	Ա	Լ	Ա	E	Ղ	Ո	Թ	Ղ	Ա	Հ	Յ
K	Ա	Ռ	Ա	Ջ	Ն	Ո	Ւ	Թ	Յ	Ո	Ւ	Ն	Վ
Հ	Ո	Կ	Ե	Յ	Ն	Բ	Ե	Յ	Ս	Բ	Ո	Լ	Ե

ՄԱՐԶԻՉ
ԴԱՏԱՎՈՐ
ՄԱՐԶԻԿ
ԲԵՅՍԲՈԼ
ԲԱՍԿԵՏԲՈԼ
ՀԵԾԱՆԻՎ
ԱՌԱՋՆՈՒԹՅՈՒՆ
ԽԱՂԱՑՈՂ
ԽԱՂ
ԳՈԼՖ
ՀՈԿԵՅ
ՇԱՐԺՈՒՄ
ԼՈՂԱԼ
ԳԻՄՆԱԶԻԱ
ԹԻՄ
ՄԱՐԶԱԴԱՇՏ
ԹԵՆԻՍ
ՀԱՂԹՈՂ

24 - Caffè

Ը	Ը	Մ	Ե	Ր	Կ	Ռ	Դ	Փ	Ժ	Գ	Ք	Ծ	Ա
Ջ	Ո	Ւ	Ր	Կ	Ա	Թ	Թ	Փ	Ր	Ւ	Ի	Ո	Օ
Ղ	Գ	Ո	Կ	Ֆ	Հ	Գ	Ա	Վ	Ա	Թ	Լ	Ն	Ձ
Զ	Հ	Գ	Ո	Ս	Պ	Ե	P	Դ	A	Փ	Ե	Ր	Ձ
Գ	Շ	Ա	Ֆ	Բ	Ե	Ճ	Ղ	Գ	Ն	Գ	Պ	Ա	Կ
Ը	Զ	Ծ	Ե	Խ	Չ	Ւ	Ծ	Ո	Ռ	Բ	Մ	Ի	Ռ
Տ	Խ	Ժ	Ի	Ը	Ւ	Փ	Գ	Ա	Ւ	Ճ	Ը	Ծ	Ր
Դ	H	Է	Ն	Ռ	Ֆ	Ի	Լ	Տ	Ր	Կ	Մ	Ա	Ժ
Խ	Մ	Ե	Լ	Ր	Ր	P	Ղ	Դ	Վ	Ո	Ա	Մ	P
Ա	Ռ	Ա	Վ	Ո	Տ	Ո	Ճ	Ա	Ա	Ղ	Հ	Ե	Կ
Վ	Օ	Կ	Ռ	Կ	Շ	Ա	Զ	Ռ	Դ	H	Ղ	Լ	Ե
Ջ	Չ	Է	Ը	H	Ց	Ի	Ձ	Ը	Ֆ	Ց	Ը	Գ	Ձ
Յ	Ր	Ց	Պ	Բ	Ո	Ւ	Ր	Մ	Ո	Ւ	Ն	Ք	Զ
Յ	Մ	Ճ	Դ	Ֆ	Հ	Մ	Ի	Կ	Շ	Ա	Ք	Ա	Ր

ՋՈՒՐ
ԴԱՌԸ
ԲՈՒՐՄՈՒՆՔ
ԽՄԵԼ
ԸՄՊԵԼԻՔ
ԿՈՖԵԻՆ
ԿՐԵՄ
ՖԻԼՏՐ
ՀԱՄԸ
ԿԱԹ
ՀԵՂՈՒԿ
ԾԱՄԵԼ
ԱՌԱՎՈՏ
ՍԵՒ
ԾԱԳՈՒՄ
ԳԻՆ
ԳԱՎԱԹ
ՇԱՔԱՐ

25 - Uccelli

Ա	Ձ	Ւ	Ղ	Շ	Հ	Ջ	Ձ	Ճ	Պ	Ֆ	Ք	Չ	К
Գ	Ր	Փ	Պ	Ք	Ե	Բ	Տ	Ր	Ի	Լ	Ք	Յ	А
Գ	Ժ	Ծ	Թ	Վ	Ր	Զ	Գ	Ֆ	Ն	Ա	Ֆ	Н	Н
Ն	Վ	Ձ	Ի	Թ	Ո	Գ	Ր	Վ	Գ	Մ	Հ	Ց	А
Ս	Լ	Փ	Մ	Վ	Ն	Բ	Ո	Ւ	Վ	Ի	Է	Ճ	Р
Ւ	Ի	Ն	Վ	Ա	Ղ	Ա	Ե	К	Ի	Ն	Ջ	Ն	Е
Ո	Գ	Ր	Վ	Ձ	Ո	Ւ	Ն	Ֆ	Ն	Գ	А	Ճ	Й
Լ	Ա	Մ	Ա	Լ	Յ	Ա	Ջ	Ր	Ե	Ո	Ձ	Ղ	К
Ա	Ր	Զ	Հ	Մ	Ռ	Н	Դ	Պ	А	Ր	Ը	Ո	А
Վ	Ա	Ե	Թ	Ի	Ա	Խ	Ը	Ր	Ա	Ը	Հ	Ւ	Թ
Ա	Տ	Е	Ժ	Ե	Կ	Ր	Ո	Ը	Ֆ	Ր	О	Կ	Ր
Հ	Ն	Գ	Ր	Լ	Ժ	Н	Գ	Չ	Կ	Ս	Ա	Գ	Յ
Լ	Բ	Ա	Դ	Թ	Ո	Ւ	Թ	Ա	Կ	Ւ	Ո	Կ	Կ
Ը	Բ	Ա	Զ	Ե	Չ	Ւ	Е	Զ	Յ	Խ	Լ	Ժ	Վ

ՀԵՐՈՆ
ԲԱԴ
ԱՐԾԻՎ
КАНАРЕЙКА
ԱՐԱԳԻԼ
ԿԱՐԱՊ
ԿԿՈՒԿ
ԲԱԶԵ
ՖԼԱՄԻՆԳՈ
ԲՈՒ
ՍԱԳ
ԹՈՒԹԱԿ
ՃՆՃՂՈՒԿ
ՍԻՐԱՄԱՐԳ
ՀԱՎԱԼՈՒՍՆ
ԱՂԱՎՆԻ
ՊԻՆԳՎԻՆ
ՀԱՎ
ՋԱՅԼԱՄ
ՁՈՒ

26 - Giorni e Mesi

Շ	Զ	Ը	Հ	Շ	Տ	Ր	Ա	Մ	Ս	Զ	Է	Հ	Ս
Տ	Ր	Ր	Ո	Ֆ	Ա	Ե	Հ	Պ	Թ	Ն	Չ	Ո	Ե
P	Օ	Թ	Ւ	Ճ	Տ	Բ	Դ	Ղ	Ր	Ց	Դ	Ւ	Պ
Հ	Մ	A	Ն	Ս	Ի	Մ	Ա	Մ	Ե	Ի	P	Ն	Տ
Հ	Ո	Ի	Ի	Թ	Ր	Ե	Ո	Թ	Ր	Թ	Լ	Վ	Ե
Ո	Ն	Կ	Ս	Շ	Ա	Տ	Ւ	Կ	Ե	Բ	Օ	Ա	Մ
Ւ	Ո	Ա	Տ	Ա	Տ	Կ	Ր	Ի	Ք	Ա	Ր	Ր	Բ
Լ	Յ	Ր	Ձ	Ե	Կ	Ե	Բ	Լ	Շ	Շ	Ա	Ա	Ե
Ի	Ե	Ի	Է	Ա	Մ	Դ	Ա	Փ	Ա	Ւ	Ց	Վ	Ր
Ս	Մ	Կ	P	Է	Վ	Բ	Թ	Ա	Բ	Ո	Ո	Ր	Ը
Ա	Բ	Թ	Շ	Ր	Ր	Օ	Ե	Ի	Թ	Կ	Ւ	Տ	Բ
Ր	Ե	Զ	Ի	Պ	Դ	K	Յ	Ր	Ի	Ր	Յ	Ե	Զ
Ն	Ր	Օ	Գ	Ո	Ս	Տ	Ո	Ս	Ջ	Ե	Ց	Փ	Շ
Չ	Ո	Ր	Ե	Ք	Շ	Ա	Բ	Թ	Ի	Ժ	Է	Ղ	Գ

ՕԳՈՍՏՈՍ
ՏԱՐԻ
ԱՊՐԻԼ
ՕՐԱՑՈՒՅՑ
ԴԵԿՏԵՄԲԵՐ
ԿԻՐԱԿԻ
ՓԵՏՐՎԱՐ
ՀՈՒՆՎԱՐ
ՀՈՒՆԻՍ
ՀՈՒԼԻՍ
ԵՐԿՈՒՇԱԲԹԻ
ԵՐԵՔՇԱԲԹԻ
ՄԱՐՏ
ՉՈՐԵՔՇԱԲԹԻ
ԱՄԻՍ
ՆՈՅԵՄԲԵՐ
ՀՈԿՏԵՄԲԵՐ
ՇԱԲԱԹ
ՍԵՊՏԵՄԲԵՐ
ՈՒՐԲԱԹ

27 - Casa

Ա	Ի	Պ	P	Ք	Դ	E	Φ	Տ	Գ	Ո	Ր	Գ	Դ
Վ	Ր	Դ	Ճ	Ց	Ծ	Ճ	Յ	Շ	Գ	Գ	Ք	Հ	Ո
Տ	Ա	Պ	Ղ	Ա	Տ	Ս	Ա	Ռ	Ա	Ջ	Լ	Ա	Ւ
Ո	Խ	Մ	Ւ	Ն	Խ	Չ	H	Ք	Ջ	Շ	H	Յ	Ռ
Տ	Ւ	Ա	Ո	Կ	Ո	Ք	H	Տ	Շ	Ւ	Ս	Ե	Ի
Ն	Ո	Լ	Ց	Ա	Հ	Լ	Բ	Տ	Ձ	Ե	Ե	Լ	K
Ա	Բ	Ւ	Ն	Պ	Ա	Ո	Ե	O	Կ	Ճ	Ն	Ի	Բ
Կ	Ծ	Է	Ց	Ա	Ն	Խ	Ռ	Վ	Ր	Ծ	Յ	Լ	Թ
Ք	Ի	Ն	Ա	Տ	Ո	Ն	Ա	Ր	Ա	Դ	Ա	Ր	Գ
Հ	Ա	Ր	Կ	Ի	Ց	Ա	A	H	Ն	Խ	Կ	Պ	Շ
Ֆ	Ս	Ս	Ռ	Ք	Ա	Յ	Բ	H	Ռ	Ր	Ա	Խ	Ք
Ձ	Վ	Տ	Ա	Շ	Չ	Գ	Ն	K	Ե	Չ	Ր	Ց	P
A	A	O	O	Մ	Ո	Ի	O	Ծ	Ձ	Է	Ո	Ղ	Ջ
Պ	Ա	Տ	Ո	Ւ	Հ	Ա	Ն	Բ	Չ	P	Ծ	Գ	Ր

ՁԵՌՆԱՐԿ
ԳՐԱԴԱՐԱՆ
ՍԵՆՅԱԿ
ԲՈՒԽԱՐԻ
ԽՈՀԱՆՈՑ
ՑՆՑՈՒՂ
ՊԱՏՈՒՀԱՆ
ԱՎՏՈՏՆԱԿ
ԱՅԳԻ
ԼԱՄՊ
ՊԱՏ
ՀԱՐԿ
ԴՈՒՌ
ՑԱՆԿԱՊԱՏԻ
ԾՈՐԱԿ
ՑԱԽԱՎԵԼ
ԱՌԱՍՏԱՂ
ՀԱՅԵԼԻ
ԳՈՐԳ
ՏԱՆԻՔ

28 - Ristorante #1

Չ	Է	Մ	Յ	Ժ	Է	Ս	Ս	Ւ	Ո	Ո	Ս	Վ	Ա
A	Օ	Լ	Ա	Ր	Ր	Ծ	Ն	Ո	Օ	Լ	Ե	Ե	Ն
Ս	Ո	Ք	Ն	Տ	Կ	Է	Ս	Ո	Ւ	Շ	Ծ	Ր	Ձ
Ս	Մ	Ի	Բ	Գ	Ո	Ռ	K	Ո	Ւ	Ր	Վ	Ա	Ե
Տ	P	Է	Շ	Ձ	Թ	Ւ	Ք	Չ	Բ	Ն	Ճ	Պ	Ռ
Ֆ	Ի	Ձ	Ք	K	Օ	Ս	Ց	Լ	Մ	H	Դ	Ա	Ո
Ձ	Ւ	Ճ	Հ	Ա	Ց	H	Ց	Ո	Հ	Բ	Ժ	Հ	Ց
Գ	Ղ	Ձ	Մ	Ե	Ն	Յ	Ո	Ւ	Ղ	Ա	Օ	Ո	Ի
Ո	Կ	Մ	Ի	Ս	Օ	Դ	Ն	Թ	Գ	Ո	Ֆ	Ւ	Կ
Ւ	Ծ	Հ	Ձ	Չ	Հ	Ա	Ա	Ե	Դ	Խ	Ւ	Մ	Խ
Ն	Ո	Ա	Բ	Ծ	Դ	Ն	Հ	A	Ք	Չ	Պ	Հ	Խ
Դ	Ւ	Վ	Մ	Ձ	Ս	Ա	Ո	Ո	Ւ	Տ	Ե	Լ	Ի
Դ	Ե	Ս	Ե	Ր	Տ	Կ	Խ	Ա	Փ	Ս	Ե	P	Չ
Թ	Ֆ	Ա	Լ	Ե	Ր	Գ	Ի	Ա	Ո	Տ	Լ	Ք	Ց

ԱԼԵՐԳԻԱ
ՍՈՒՐՃ
ՄԱՏՈՒՑՈՂՈՒՀԻ
ՄԻՍ
ՍՆՈՒՆԴ
ԳՈՒՆԴ
ԴԱՆԱԿ
ԽՈՀԱՆՈՑ
ԴԵՍԵՐՏ
ՈՒՏԵԼ
ՄԵՆՅՈՒ
ՀԱՑ
ԱՓՍԵ
ԿԾՈՒ
ՀԱՎ
ՎԵՐԱՊԱՀՈՒՄ
ՍՈՈՒՍ
ԱՆՁԵՌՈՑԻԿ

29 - Fantascienza

Յ	Հ	Օ	Ր	Ա	Ք	Լ	Ի	Գ	Ծ	E	Ե	Ա	Խ
Վ	Ր	Պ	Կ	Կ	Ի	Ն	Ո	Ր	Շ	Ճ	Ր	Հ	Ո
Գ	Ա	Լ	Ա	Ք	Ս	Ի	Ա	Ք	Դ	Դ	Ե	Տ	Ր
Լ	Խ	Կ	Ր	Ռ	Ժ	Ս	Ղ	Ե	Ջ	E	Ւ	Բ	Հ
Ծ	Շ	Ծ	Կ	Պ	Ը	Դ	Ց	Ր	Ե	Յ	Ա	Ո	Ր
Պ	Ա	Ի	Գ	Ո	Լ	Ո	Ն	Խ	Ե	Տ	Կ	K	Դ
Ո	Ա	Յ	Ց	P	Ն	Ւ	Ո	Յ	Թ	Յ	Ա	Պ	Ա
Ւ	Ի	Տ	Ր	Ե	Ն	Տ	Ո	Բ	Ո	Ռ	Յ	O	Վ
Տ	Պ	Ի	Ր	Ա	Մ	Ձ	Ս	Ճ	Լ	Ը	Ա	H	Ո
Ո	Ո	Պ	Պ	Ա	Հ	Ա	Ֆ	Ց	Ղ	Դ	Կ	K	Ր
Պ	Տ	Ց	Չ	Ո	Ն	Ե	Ջ	Ռ	Ե	Ղ	Ա	Պ	Ղ
Ի	Ս	Ն	Ք	Խ	Ց	Ք	Ղ	Չ	Վ	Ն	Ն	Ո	Դ
Ա	Ի	Խ	A	Ն	Ի	Յ	Ա	Մ	Ո	Տ	Ա	Ճ	Լ
Յ	Դ	E	Շ	Ա	Մ	Ո	Լ	Ո	Ր	Ա	Կ	Ր	Ժ

ԱՏՈՄԱՅԻՆ
ԿԻՆՈ
ԴԻՍՏՈՊԻԱ
ՊԱՅԹՅՈՒՆ
ԾԱՅՐԱՀԵՂ
ԿՐԱԿ
ԳԱԼԱՔՍԻԱ
ՊԱՏՐԱՆՔ
ԵՐԵՒԱԿԱՅԱԿԱՆ
ԳՐՔԵՐ
ԽՈՐՀՐԴԱՎՈՐ
ԱՇԽԱՐՀ
ՕՐԱՔԼԻ
ՄՈԼՈՐԱԿ
ՌՈԲՈՏՆԵՐ
ՍՑԵՆԱՐ
ՏԵԽՆՈԼՈԳԻԱ
ՈՒՏՈՊԻԱ

30 - Città

Խ	Տ	Լ	Ք	Է	Ը	Ռ	Կ	Ն	Ա	Բ	Ա	Չ	Շ
Ե	Շ	Յ	Ց	Ռ	Տ	Ե	Ի	Ց	Ա	Հ	Ջ	Թ	Ո
Խ	Ա	Ն	Ո	Ւ	Թ	Մ	Ն	Ք	Թ	Ո	Ւ	E	Ւ
Գ	Դ	Ւ	Ն	Ժ	Ւ	Տ	Ո	P	Ց	Հ	Շ	Ը	Կ
Ր	Ա	Ո	Ա	Ր	Ո	Ո	Ծ	Մ	Ջ	Ք	A	A	Ա
Ա	Ջ	Տ	Ր	Կ	Ն	Ր	Կ	Լ	Ի	Ն	Ի	Կ	Ա
Դ	Ր	Ա	Ւ	Գ	Ա	Ա	Է	Օ	Հ	Տ	Ն	Է	Ղ
Ա	Ա	Ղ	Ո	Ո	Խ	Ն	Ա	Ր	Ա	Գ	Ն	Ա	Թ
Ր	Մ	Ե	Յ	Ւ	Ա	Ո	Ա	Մ	Շ	Ծ	Օ	K	Թ
Ա	Ղ	Դ	Հ	Յ	Ր	Ր	Բ	Վ	Բ	Ձ	Ճ	Խ	Ե
Ն	Ր	Ն	Կ	Ն	Գ	Տ	Ւ	Ֆ	Ձ	Ժ	Ժ	Ղ	Վ
Օ	Դ	Ա	Ն	Ա	Վ	Ա	Կ	Ա	Յ	Ա	Ն	Ձ	Ւ
P	Ի	Վ	Ջ	K	Ի	Թ	Ղ	Չ	Ք	Տ	Վ	Մ	Ճ
K	Դ	Ռ	Ղ	Դ	Պ	Ր	Ո	Ց	P	Խ	Մ	Ժ	Ճ

ՕԴԱՆԱՎԱԿԱՅԱՆ
ԲԱՆԿ
ԳՐԱԴԱՐԱՆ
ԿԻՆՈ
ԿԼԻՆԻԿԱ
ԴԵՂԱՏՈՒՆ
ԳՈՒՅՆ
ՀՅՈՒՐԱՆՈՑ
ԳՐԱԽԱՆՈՒԹ
ՇՈՒԿԱ
ԹԱՆԳԱՐԱՆ
ԽԱՆՈՒԹ
ՀԱՑԻ
ՌԵՍՏՈՐԱՆ
ԴՊՐՈՑ
ՄԱՐԶԱԴԱՇՏ
ԹԱՏՐՈՆ

31 - Virtù #1

Լ	Ա	Ի	Ճ	Ա	Գ	A	Ի	Ծ	Կ	Փ	Վ	Ղ	Ս
Ճ	Զ	Լ	Հ	Ռ	Ո	Հ	Տ	Օ	Ժ	Ղ	H	Ր	Ֆ
Ի	Ր	Ա	Տ	Ա	Ր	Ե	Բ	Մ	Ա	Հ	K	Ւ	Ղ
Ը	Ի	Ս	Ի	Տ	Ծ	K	Ք	Ջ	Կ	Ր	Ք	Ո	Տ
Ւ	Լ	Ւ	A	Ա	Ն	Ր	Ը	P	Ժ	Զ	Ո	Ք	Ս
Վ	Ա	Ո	Ղ	Զ	Ա	Պ	Ք	Ք	Ե	Տ	P	Ա	Ե
Ա	Ճ	Հ	Ի	Ե	Կ	Ե	A	P	Զ	Օ	Խ	Մ	Մ
Լ	Ր	Ռ	Ց	Ռ	Ա	Չ	Հ	Մ	Ա	Յ	Ի	Չ	Ա
K	Ա	Ւ	Ա	Ն	Ն	Ւ	Ո	Տ	Ս	Ա	Մ	Ի	Հ
Ք	Վ	Ս	Լ	Կ	Օ	Գ	Տ	Ա	Կ	Ա	Ր	Յ	Մ
Ն	Ջ	Ր	Ե	Ս	Ա	Ր	Ք	Ր	Ք	Ա	Տ	Ե	Հ
Ս	Գ	Թ	Խ	Ք	Ւ	Ն	Ե	Դ	Ի	Ծ	Խ	Լ	K
Ա	Ն	Կ	Ա	Խ	Ս	Ի	Տ	Օ	Կ	Դ	A	H	Ի
Ճ	Հ	Ա	Ր	Դ	Յ	Ո	Ւ	Ն	Ա	Վ	Ե	Տ	Պ

ՀՄԱՅԻՉ
ՀՈՒՍԱԼԻ
ԿՐՔՈՏ
ԼԱՎ
ՀԵՏԱՔՐՔՐԱՍԵՐ
ՎՃՌԱԿԱՆ
ՋՎԱՐՃԱԼԻ
ԱՐԴՅՈՒՆԱՎԵՏ
ԱՌԱՏԱՁԵՌՆ
ԱՆԿԱԽ
ԽԵԼԱՑԻ
ՀԱՄԵՍՏ
ՀԱՄԲԵՐԱՏԱՐ
ԳՈՐԾՆԱԿԱՆ
ՄԱՔՈՒՐ
ԻՄԱՍՏՈՒՆ
ՕԳՏԱԿԱՐ

32 - Fattoria #1

Զ	Ծ	Բ	Ի	Փ	Ւ	Կ	Մ	Ծ	Ե	Ղ	Պ	Կ	Ֆ
Դ	P	Ր	Վ	Ջ	Ո	Ւ	Ր	Ե	Չ	Ձ	Ի	Ե	Վ
Վ	K	Ի	Փ	Զ	Փ	Բ	Ո	Ւ	Ղ	Թ	Ճ	Պ	Ը
Ա	Վ	Ն	Ր	Է	Ի	Ք	Ղ	Ն	Ծ	Ր	P	Ա	E
Հ	Յ	Ձ	Ո	Հ	Տ	Ծ	Լ	Ւ	Մ	Ո	Խ	Ր	Ռ
Ը	Դ	Ծ	Ա	Ծ	Կ	Ա	Տ	Ո	Ւ	Հ	Ո	Ա	Ը
Ծ	Փ	Տ	Ի	Մ	Տ	Ր	Թ	Շ	Ո	Ր	Զ	Ր	Բ
Ե	Փ	Տ	Կ	Զ	Ս	Ա	Խ	Է	Ղ	Ժ	Ծ	Տ	Ռ
Ւ	Կ	Ո	Վ	Ջ	Ե	Տ	Ք	Չ	Ե	P	Շ	Ա	Շ
Ֆ	Դ	Ռ	Դ	Թ	Ր	Ա	Շ	Մ	Մ	Ձ	P	Ն	Չ
Լ	Ց	Ա	Է	Շ	Մ	Ղ	Օ	Ֆ	Հ	Ս	Թ	Յ	Պ
Տ	Ջ	Ւ	Շ	Ճ	Ե	Ո	Ծ	Ք	Ա	Ր	Լ	Ո	Փ
Պ	Փ	Ն	Կ	Տ	Ր	Հ	Ո	Տ	Յ	K	Խ	Ւ	K
Թ	Ծ	Ց	Ա	Ն	Կ	Ա	Պ	Ա	Տ	Ի	Բ	Թ	Ձ

ՋՈՒՐ
ՄԵՂՈՒ
ԷՇ
ԴԱՇՏ
ՇՈՒՆ
ԱՅԾԻ
ՁԻ
ՊԱՐԱՐՏԱՆՅՈՒԹ
ՀԱՑ
ԿԱՏՈՒ
ՀՈՏ
ԽՈԶ
ՄԵՂՐ
ԿՈՎ
ՀԱՎ
ՑԱՆԿԱՊԱՏԻ
ԲՐԻՆՁ
ՍԵՐՄԵՐ
ՀՈՂԱՏԱՐԱԾՔ
ՀՈՐԹ

33 - Psicologia

Ա	Մ	Կ	Գ	Ա	Ղ	Ա	Փ	Ա	Ր	Ն	Ե	Ր	Մ
Ս	Զ	Գ	Լ	Վ	Դ	Ղ	Ց	K	Գ	Պ	Շ	Ֆ	Ւ
Ե	Խ	Դ	Դ	Ի	Փ	Ո	Ր	Ձ	Տ	Զ	A	Ր	Ո
Ն	Ն	Դ	Ե	Ֆ	Ն	Ս	Ը	Ժ	Ի	Ծ	Ծ	Ք	Լ
Ս	Դ	Պ	Ր	Ց	Ց	Ի	Կ	Ա	Տ	Ի	Գ	Ն	Ա
Ա	Ի	K	Ն	Ծ	Ո	Ժ	Կ	Ը	Ւ	K	Դ	Մ	Կ
Ց	Ր	Ֆ	Յ	Ի	Ի	Ւ	Ճ	Ա	Ց	Ր	Չ	Տ	Ն
Ի	Թ	Ր	Խ	Գ	Մ	Շ	Թ	Ս	Կ	Ճ	Շ	Ք	Ը
Ա	Թ	Ե	Ր	Ա	Պ	Ի	Ա	Յ	Է	Ա	O	Ե	Հ
Շ	Ռ	Ն	Ր	Ք	Է	Շ	P	A	Ո	Գ	Ն	Ր	Յ
H	Ծ	Զ	Ճ	Ր	E	Փ	Չ	Ֆ	Ք	Ւ	Ո	Ը	Ց
O	Գ	Ա	Ֆ	Ա	Ֆ	Տ	Կ	Ի	Լ	Ֆ	Ն	Ո	Կ
H	Ր	Ր	Ի	Վ	Ն	Շ	Ա	Ն	Ա	Կ	Ո	Ւ	Մ
A	Ք	Ե	Մ	Ա	Ն	Կ	Ո	Ւ	Թ	Յ	Ո	Ւ	Ն

ՆՇԱՆԱԿՈՒՄ
ԿԼԻՆԻԿԱԿԱՆ
ՎԱՐՔԱԳԻԾ
ԿՈՆՖԼԻԿՏ
ԷԳՈ
ՓՈՐՁ
ԳԱՂԱՓԱՐՆԵՐ
ԱՆԳԻՏԱԿԻՑ
ՄԱՆԿՈՒԹՅՈՒՆ
ԱԶԴԵՑՈՒԹՅՈՒՆ
ՄՏՔԵՐԸ
ԸՆԿԱԼՈՒՄ
ԽՆԴԻՐ
ՍԵՆՍԱՑԻԱ
ԵՐԱԶՆԵՐ
ԹԵՐԱՊԻԱ

34 - Paesaggi

Թ	Ք	Ը	Ի	Ս	Ջ	Ժ	Ր	Ա	Կ	Պ	Ր	Թ	Վ
Շ	Փ	Ա	Ղ	Ո	Լ	Ը	Ի	Թ	Ռ	Գ	Ժ	Օ	Օ
Բ	Թ	Պ	Ր	Ն	K	Ճ	P	Ֆ	Բ	H	Ծ	Խ	Գ
Ձ	Ե	Մ	Ե	Ա	A	Օ	Ա	Զ	Ի	Ս	Ժ	Ւ	Ր
Ղ	Ր	Զ	Զ	Ի	Ն	Ք	Ռ	Ո	K	Ծ	P	Ո	Լ
Ե	Ա	Ճ	Յ	Կ	Ջ	Ձ	Պ	Օ	Ց	K	Օ	Բ	Չ
Դ	Կ	Խ	Ե	Վ	Տ	Շ	Ա	Դ	Ա	Ց	Ռ	Ա	Ս
Ռ	Ղ	Ծ	Գ	Օ	Պ	Թ	Փ	Վ	Մ	Լ	Ա	Ր	Հ
Ե	Զ	Հ	Ր	Ֆ	H	Ի	Հ	Ռ	Ո	Վ	Յ	Հ	Ջ
Լ	Ի	Ր	Լ	Բ	Ց	H	Ո	Հ	Ւ	Ծ	Ս	Ջ	Ր
P	Ի	Կ	Ղ	Զ	Ի	Ճ	Վ	Ձ	Ի	Խ	Բ	Հ	Վ
H	Շ	Ճ	Ի	Հ	Ա	Ճ	Ի	Ծ	Տ	Ւ	Ե	Չ	Ե
Տ	Ո	Ւ	Ն	Դ	Ր	Ա	Տ	Ե	Գ	Ֆ	Ր	Ի	Ժ
Ա	Ն	Ա	Պ	Ա	Տ	Ի	P	Ր	Դ	Է	Գ	Տ	Ղ

ՋՐՎԵԺ
ԲԼՐԻ
ԱՆԱՊԱՏ
ԳԵՏ
ԳԵՅԶԵՐ
ՍԱՌՑԱԴԱՇՏ
ՔԱՐԱՆՁԱՎ
ԱՅՍԲԵՐԳ
ԿՂԶԻ
ԼԻՃ
ԾՈՎ
ԼԵՌ
ՕԱԶԻՍ
ՕՎԿԻԱՆՈՍ
ՃԱՀԻՃ
ԹԵՐԱԿՂԶԻ
ԼՈՂԱՓ
ՏՈՒՆԴՐԱ
ՀՈՎԻՏ
ՀՐԱԲՈՒԽ

35 - Energia

Տ	Ծ	Ի	Ա	Կ	Չ	Խ	Ք	Տ	Ճ	Ր	Ա	Վ	Փ
Լ	Լ	Շ	Ց	Օ	Վ	K	Ի	Ո	Վ	Ա	Ն	Ե	E
Ք	Գ	Ծ	H	K	Ֆ	Լ	Լ	Ւ	Ե	Ր	Ա	Ր	K
Կ	Ո	Յ	E	Ջ	Ր	Ե	Ե	Ր	Մ	Ջ	Կ	Ա	Ծ
Ց	Շ	Թ	Ւ	Ն	Պ	Զ	Ռ	Բ	Ա	Ր	Ա	Կ	Ե
Է	Ն	Տ	Ր	Ո	Պ	Ի	Ա	Ի	Ր	Ա	Ր	Ա	Շ
Ւ	Ի	Բ	Բ	Ր	Զ	Դ	Վ	Ն	Տ	Ծ	Տ	Ն	Ա
P	Յ	Լ	Ճ	Տ	Ք	Ց	Գ	Խ	Կ	Ի	Կ	Գ	Ր
Բ	Ա	Ֆ	Ղ	Կ	Ա	Ա	Ց	Լ	Ո	Ն	Ե	Ն	Ժ
Ե	Մ	Ո	Գ	Ե	Ճ	Ց	Մ	Զ	Ց	Ա	Լ	Վ	Ի
Ն	Ր	Տ	Ջ	Լ	Է	Գ	Ս	Ի	Ի	Դ	Է	Ո	Չ
Զ	Ե	Ո	Բ	Է	Թ	Ք	Վ	Թ	Է	K	Ս	Ղ	Ջ
Ի	Ջ	Ն	Մ	Ի	Ջ	Ո	Ւ	Կ	Ա	Յ	Ի	Ն	Ը
Ն	Ի	Ծ	Ա	Խ	Ծ	Ա	Զ	Դ	Ա	Կ	Ց	Ս	E

ՄԱՐՏԿՈՑ
ԲԵՆԶԻՆ
ՇՈԳ
ԱԾԽԱԾԻՆ
ՎԱՌԵԼԻՔ
ԴԻԶԵԼ
ԷԼԵԿՏՐԱԿԱՆ
ԷԼԵԿՏՐՈՆ
ԷՆՏՐՈՊԻԱ
ՖՈՏՈՆ
ՋՐԱԾԻՆ
ՇԱՐԺԻՉ
ՄԻՋՈՒԿԱՅԻՆ
ՎԵՐԱԿԱՆԳՆՎՈՂ
ԱՐԵՒ
ՋԵՐՄԱՅԻՆ
ՏՈՒՐԲԻՆ
ԶՈՒՅԳ
ՔԱՄԻ

36 - Ristorante #2

Ջ	Ո	Ւ	Ր	Շ	Մ	Խ	Լ	Ը	Չ	Ա	Ֆ	Հ	Ռ
Լ	Հ	Ո	Գ	Ն	Ա	Ց	Ղ	Ա	Ն	Ղ	Ձ	Շ	E
Լ	Ա	Ձ	Թ	Է	Տ	Ճ	Հ	Ձ	Չ	Թ	Ո	Ճ	Ռ
Ձ	Մ	Լ	Թ	Ր	Ո	Տ	Հ	Ն	Ն	Ղ	Ր	Ջ	K
Ո	Ե	Ք	Բ	Ե	Ւ	Ա	Պ	Ո	Ւ	Ր	Թ	Ի	Դ
Ւ	Մ	Ը	Ո	Գ	Ց	Ը	Մ	Պ	Ե	Լ	Ի	Ք	Ք
Կ	Ո	Ի	Ռ	Ր	Ո	Ս	Ֆ	Կ	Ժ	H	Շ	Վ	Ջ
Ժ	Ւ	H	Խ	Մ	Ղ	Ե	Մ	Ա	Հ	Ք	Հ	Ց	Շ
Վ	Ն	Պ	Ա	Տ	Ա	Ռ	Ա	Ք	Ա	Ղ	Թ	Բ	Ճ
Մ	Ք	Ն	Տ	Ք	Շ	Դ	Ժ	K	Մ	Կ	Բ	Խ	Ը
Ժ	Ն	Ր	P	Ֆ	Գ	Ձ	Յ	Ց	Խ	Կ	Դ	Կ	Թ
Ո	Ե	Թ	Ը	E	Ձ	Դ	Ա	Թ	Ո	Ռ	K	Տ	Ժ
Պ	Ր	Ն	Ե	Ղ	Ե	Ր	Ա	Ջ	Ն	Ա	Բ	Գ	Չ
P	Ս	Ա	Ռ	Ո	Ւ	Յ	Ց	Լ	Ծ	Ր	Վ	Ւ	Ի

ՋՈՒՐ
ԸՄՊԵԼԻՔ
ՄԱՏՈՒՑՈՂ
ԸՆԹՐԻՔ
ԳԴԱԼ
ՀԱՄԵՂ
ՊԱՏԱՌԱՔԱՂ
ՄՐԳԵՐ
ՍԱՌՈՒՅՑ
ԱՂՑԱՆ
ԱՊՈՒՐ
ՁՈՒԿ
ՃԱՇ
ԱՂ
ԱԹՈՌ
ՀԱՄԵՄՈՒՆՔՆԵՐ
ՏՈՐԹ
ՁՈՒ
ԲԱՆՋԱՐԵՂԵՆ

37 - Moda

Ւ	Ո	Չ	Ժ	Ո	Ց	Գ	Դ	Բ	Չ	K	E	Չ	Շ
Ց	Ջ	Պ	Չ	Ղ	Տ	Ս	Ե	Մ	Ա	Հ	Ր	A	Ք
H	Օ	Ժ	Ջ	Գ	Բ	Օ	Ֆ	Ճ	Փ	Կ	Ֆ	Տ	A
Ր	Ձ	Դ	A	Գ	Մ	Ը	P	Ճ	Ո	Ռ	Ի	Ն	Շ
Թ	Ա	Ն	Կ	Կ	Ի	Է	Տ	Ս	Ւ	Ո	Գ	Ա	Հ
Ս	Ր	Ե	Ն	Կ	Ա	Ճ	Ո	Կ	Մ	E	Բ	Գ	Ջ
K	Ւ	Ր	H	Ա	Գ	Գ	Ղ	Ո	Ն	Ե	Ո	Ե	Ժ
Թ	Ջ	Թ	Է	Ծ	Կ	Գ	Ո	E	Ե	Թ	Ւ	Լ	Ա
Օ	Ր	Ի	Գ	Ի	Ն	Ա	Լ	Ր	Ր	Օ	Տ	Է	Ն
Ր	Ա	Չ	Վ	Ց	Թ	Փ	Ն	Օ	Ծ	Պ	Ի	Վ	Յ
E	Պ	Ծ	Ա	Մ	Ռ	Դ	Խ	Ծ	P	Վ	Կ	Ճ	Ա
Հ	Յ	Ո	Ւ	Ս	Վ	Ա	Ծ	Ք	Ր	Ռ	Ա	Ս	Կ
Մ	Ի	Ն	Ի	Մ	Ա	Լ	Ի	Ս	Տ	Ո	Ժ	Ծ	Ը
Ժ	Ա	Մ	Ա	Ն	Ա	Կ	Ա	Կ	Ի	Ց	Գ	Հ	Ք

ՀԱԳՈՒՍՏ
ԲՈՒՏԻԿ
ԹԱՆԿ
ԷԼԵԳԱՆՏ
ՄԻՆԻՄԱԼԻՍՏ
ՉԱՓՈՒՄՆԵՐ
ԺԱՄԱՆԱԿԱԿԻՑ
ՀԱՄԵՍՏ
ՕՐԻԳԻՆԱԼ
ԺԱՆՅԱԿ
ԳՈՐԾՆԱԿԱՆ
ԿՈՃԱԿՆԵՐ
ՊԱՐՋ
ՈՃ
ԹՐԵՆԴ
ԳՈՐԾՎԱԾՔ
ՀՅՈՒՍՎԱԾՔ

38 - Frutta

Ա	Բ	Ց	Վ	Ճ	Յ	A	Չ	Ծ	Ւ	Հ	Չ	Տ	Ս
Ա	Զ	Ն	Վ	Ա	Մ	Ո	Ր	Ի	Ի	Վ	Ի	Կ	Ե
Բ	Դ	Ը	A	P	Ջ	Ր	Ժ	Պ	Ե	Ր	Ֆ	Ջ	Խ
Ֆ	Գ	Զ	Ը	K	Ժ	Ղ	Ց	Ձ	Լ	Ֆ	Ա	A	Ա
Տ	Ն	Յ	Ւ	Ո	Գ	Ա	Ջ	Ն	Ր	Ա	Ն	Ն	Ր
Կ	Ի	Տ	Ր	Ո	Ն	Հ	Ե	Ա	Վ	Յ	Բ	Խ	Ք
Ա	Ր	Պ	A	Գ	Թ	Ա	Խ	Տ	Վ	Բ	Ա	Լ	Ա
Վ	Ա	Ա	Ց	Ն	Բ	Տ	Ծ	Ն	A	Ի	Ղ	A	Յ
Ո	Տ	Պ	Ն	Ա	Ն	Ա	Բ	Խ	Ձ	Ղ	Ե	Դ	Ա
Կ	Կ	Ա	Ո	Մ	K	Պ	Զ	Մ	Յ	Ո	Ծ	P	Խ
Ա	Ե	Յ	O	Ը	Ա	Տ	Ց	Գ	Է	Ղ	Ր	Չ	Ն
Դ	Ն	Ա	Ռ	Ր	Ր	Ո	Լ	Ա	Ս	Ա	Ց	Է	Ձ
Ո	Ե	Հ	Ց	Է	Ւ	Ւ	Չ	K	Ե	Խ	Ղ	Ր	Ո
Ֆ	Ժ	Ց	Ո	E	Ի	Ղ	Խ	Է	Է	Պ	Ֆ	Ի	Ր

ԾԻՐԱՆ
ԱՐՔԱՅԱԽՆՁՈՐ
ՆԱՐՆՋԱԳՈՒՅՆ
ԱՎՈԿԱԴՈ
ՀԱՏԱՊՏՈՒՂ
ԲԱՆԱՆ
ԲԱԼ
ԹՈՒԶ
ԿԻՎԻ
ԱԶՆՎԱՄՈՐԻ
ԿԻՏՐՈՆ
ՄԱՆԳՈ
ԽՆՁՈՐ
ՍԵԽ
ՆԵԿՏԱՐԻՆ
ՊԱՊԱՅԱ
ՏԱՆՁ
ԴԵՂՁ
ՍԱԼՈՐ
ԽԱՂՈՂ

39 - Fattoria #2

Տ	Ր	Ա	Կ	Տ	Ո	Ր	Ս	Հ	Փ	Ե	Ո	Լ	Մ
Գ	E	Ը	Գ	Ռ	Փ	Ն	Ո	Ց	Խ	A	Ռ	Ա	Ա
Ն	Ւ	Դ	Ա	Բ	Ր	Ե	Մ	Ր	Ե	Ֆ	Ո	Մ	Ր
Կ	Ա	Թ	Ռ	Տ	Ե	Ր	Թ	Ի	Ա	Ո	Գ	Ա	Գ
Ծ	Ա	Ի	Բ	Ձ	Գ	Ո	Ր	Ա	Խ	Չ	Ո	Ի	Ա
Ձ	Ը	Կ	Տ	P	Ր	Ց	Շ	Ս	Կ	Ռ	Ւ	Ա	Գ
Գ	Գ	Վ	Ւ	Ճ	Մ	Ա	Ք	O	Ն	Ա	Մ	Բ	Ե
Ւ	Ձ	Ի	H	Ե	Պ	Տ	A	Ս	O	Կ	Չ	Ո	Տ
Ս	Ց	Վ	Փ	Ը	Շ	Պ	Պ	Բ	Չ	Լ	Տ	Ւ	Ի
Ն	Խ	Ո	Բ	Ն	Ձ	Ի	Ր	Ա	Գ	Է	Վ	Ս	Ն
Ո	Ձ	Հ	Ր	Ռ	Ն	Գ	Ւ	Կ	Գ	Ֆ	Չ	Ա	Յ
Ւ	P	E	Ա	Ե	A	Ե	Ժ	Թ	Ի	Ա	Ճ	Կ	K
Ն	Ր	Ե	Ն	Ի	Ն	Ա	Դ	Ն	Ե	Կ	Մ	Ա	Լ
Դ	Պ	Տ	Ղ	Ա	Տ	Ո	Ւ	Ա	Յ	Գ	Ի	Ն	Ց

ԳԱՌ
ՖԵՐՄԵՐ
ՓԵԹԱԿ
ԲԱԴ
ԿԵՆԴԱՆԻՆԵՐ
ՍՆՈՒՆԴ
ԳԱՄ
ՄՐԳԵՐ
ՊՏՂԱՏՈՒ ԱՅԳԻ
ՑՈՐԵՆ
ՈՌՈԳՈՒՄ
ԼԱՄԱ
ԿԱԹ
ԵԳԻՊՏԱՑՈՐԵՆ
ԳԱՐԻ
ՀՈՎԻՎ
ՈՉԽԱՐ
ՄԱՐԳԱԳԵՏԻՆ
ՏՐԱԿՏՈՐ
ԲՈՒՍԱԿԱՆ

40 - Verdure

Ն	Ե	Խ	Ո	Ւ	Ր	Ս	Կ	Ն	Ւ	Ո	Ս	Խ	Կ
Շ	Ր	Կ	Փ	Ը	Պ	Մ	Ւ	H	Բ	Փ	Ո	Պ	Խ
Ա	Ձ	Ո	A	Ե	Տ	Բ	Ո	Տ	Ո	Լ	Ա	Շ	Կ
Ղ	Ձ	Ճ	Տ	K	Խ	Ո	Ճ	Է	Ղ	Ֆ	Ս	Ո	Ա
Գ	Ի	Ա	K	Խ	Մ	Ւ	Ի	Ը	Կ	Ռ	Ի	Ե	Ր
Ա	Դ	Պ	Է	Գ	Ս	Կ	Տ	Պ	Ի	Գ	Ս	Բ	Տ
Մ	Ս	Ղ	H	Վ	Ո	Պ	Ր	Ժ	Մ	Ժ	Ե	Ր	Ո
Դ	Ո	Պ	Ձ	Է	Ն	Ր	Ա	Զ	Ա	Գ	Ռ	Ո	Ֆ
Դ	Խ	Ե	Լ	Զ	Ա	E	Ի	Ն	Դ	Յ	Կ	Կ	Ի
Ո	Զ	Ղ	Ո	Շ	Դ	Յ	Թ	Ա	Ա	Լ	Ժ	Կ	Լ
Ւ	Ի	Մ	Լ	Ը	Ա	O	Դ	Ց	E	Խ	Յ	Ո	Ժ
Մ	Կ	Ս	Ի	Ծ	Ղ	Գ	Գ	Ղ	Ն	Պ	P	Լ	Փ
Չ	Ե	Ծ	Կ	Գ	Ա	Գ	P	Ա	Ր	E	Ի	Ի	Ւ
Ա	H	A	Յ	Ճ	Մ	Վ	Ա	Ր	Ո	Ւ	Ն	Գ	Ձ

ՍԽՏՈՐ
ԲՐՈԿԿՈԼԻ
ԱՐՏԻՃՈՒԿ
ԳԱԶԱՐ
ՎԱՐՈՒՆԳ
ՍՈԽ
ՍՈՒՆԿ
ԱՂՑԱՆ
ՍՄԲՈՒԿ
ԿԱՐՏՈՖԻԼ

ՍԻՍԵՌ
ԼՈԼԻԿ
ՄԱՂԱԴԱՆՈՍ
ՇԱՂԳԱՄ
ԲՈՂԿ
ՇԱԼՈՏ
ՆԵԽՈՒՐ
ՍՊԱՆԱԽ
ԿՈՃԱՊՂՊԵՂ
ԴԴՈՒՄ

41 - Musica

Ե	Դ	Ռ	Ֆ	Մ	Ւ	Տ	Ա	Ջ	Ի	Ֆ	Ֆ	Ձ	Ջ
Ժ	Ր	Ա	Ռ	Ղ	Ր	Ե	Լ	Շ	Թ	H	A	Լ	Վ
Լ	Ջ	Գ	Ս	Բ	Տ	Մ	Բ	H	Թ	Թ	Է	K	Ջ
Ւ	Ո	Ն	Ի	Ա	Ս	Պ	Ո	Օ	Ր	Ը	Ը	Ն	Ւ
Ե	Ւ	Ա	Վ	Չ	Կ	Ջ	Մ	Օ	Պ	Ե	Ր	Ա	Ը
Մ	Ր	Կ	Ձ	P	Խ	Ա	Ե	Ր	Ա	Ժ	Ի	Շ	Տ
Ի	Ն	Ա	Կ	Ա	Ր	Ա	Ն	Ք	Է	Ղ	Դ	Ծ	Գ
Կ	Վ	Ղ	Ժ	Ն	Ե	Ր	Դ	Ա	Շ	Ն	Ա	Կ	Ո
Ր	Ո	Ո	E	Շ	Մ	Ե	Ղ	Ե	Դ	Ի	Լ	Ն	Ր
Ո	Կ	Ր	Դ	Յ	Տ	Գ	Խ	H	Ռ	Ր	Լ	K	Ծ
Ֆ	Ա	Տ	Թ	Ճ	Ե	Ա	P	Օ	Ի	Ց	Ա	Ց	Ի
Ո	Լ	Ն	Է	Մ	Ց	Գ	Կ	Ռ	Թ	Ց	Բ	Ջ	Ք
Ն	Ժ	Ը	Ե	Ր	Գ	Ե	Լ	Ա	Մ	Ձ	Գ	Ջ	Շ
Շ	Ձ	Խ	Ռ	Ի	Թ	Մ	Ի	Կ	Ն	Ս	Բ	Բ	K

ԱԼԲՈՄ
ՆԵՐԴԱՇՆԱԿ
ԲԱԼԼԱԴ
ԵՐԳԻՉ
ԵՐԳԵԼ
ԴԱՍԱԿԱՆ
ԸՆՏՐՈՂԱԿԱՆ
ՔՆԱՐԱԿԱՆ
ՄԵՂԵԴԻ
ՄԻԿՐՈՖՈՆ
ԵՐԱԺՇՏԱԿԱՆ
ԵՐԱԺԻՇՏ
ՕՊԵՐԱ
ՌԻԹՄԻԿ
ՌԻԹՄ
ԳՈՐԾԻՔ
ՏԵՄՊ
ՎՈԿԱԼ

42 - Barbecue

Հ	Լ	Ո	Ւ	E	Փ	Գ	Յ	Ժ	Ր	Ն	Ր	Գ	Յ
Ր	Ո	Ա	Ղ	Ց	Ա	Ն	Ն	Ե	Ր	Խ	Թ	Խ	Զ
Ա	Լ	Է	Ա	Մ	Ք	Լ	P	Ս	Ո	Վ	Վ	Ա	Հ
Վ	Ի	Զ	Ռ	Ւ	Ի	Ը	Ա	Մ	Ա	Ռ	Ա	Ղ	Ք
Ե	Կ	Թ	Լ	Տ	Ր	Գ	Ն	E	Դ	Ղ	Տ	Ե	P
Ր	Ն	Ւ	Ո	Յ	Թ	Ւ	Ո	Տ	Շ	Ժ	Ա	Ր	Ե
Մ	Ր	Գ	Ե	Ր	Ն	Տ	Ւ	Ֆ	Ա	Ց	Շ	Է	Ի
Գ	Ճ	Լ	Դ	Ա	Ը	Ո	Խ	Յ	Ը	Ն	Չ	O	Է
Վ	Ր	Ս	Ս	Ն	Ո	Ւ	Ն	Դ	Ն	Ծ	Ի	Տ	H
Փ	Ի	Ի	Ո	Բ	Պ	Ս	Ո	Ո	Ւ	Ս	Խ	Ք	Է
Ջ	Ր	Դ	Լ	Խ	Ղ	Դ	Ա	Ն	Ա	Կ	Ն	Ե	Ր
Լ	Չ	Ա	Ծ	Ր	Պ	Ռ	Ն	Ծ	Է	Ք	O	Ե	Լ
Ճ	Ա	Շ	Գ	Ճ	Ե	Ռ	Ի	K	Պ	Ն	Տ	Ա	Ք
Է	Շ	Կ	Փ	Գ	Ղ	Թ	O	Մ	Դ	Մ	Դ	Ջ	Ղ

ՏԱՔ
ԸՆԹՐԻՔ
ՍՆՈՒՆԴ
ՍՈԽ
ԴԱՆԱԿՆԵՐ
ԱՄԱՌ
ՍՈՎ
ԸՆՏԱՆԻՔ
ՄՐԳԵՐ
ԽԱՂԵՐ
ԳՐԻԼ
ԱՂՑԱՆՆԵՐ
ՀՐԱՎԵՐ
ԵՐԱԺՇՏՈՒԹՅՈՒՆ
ՊՂՊԵՂ
ՀԱՎ
ԼՈԼԻԿ
ՃԱՇ
ԱՂ
ՍՈՈՒՍ

43 - Insetti

Թ	Ւ	Ո	Պ	Պ	Ո	Մ	Տ	Ի	Մ	Ր	Ե	Տ	Մ
Մ	Ր	Ղ	Վ	Ւ	Թ	Ա	Յ	Լ	Ւ	Ո	Բ	H	Ձ
Ր	Ե	Թ	Ի	Թ	Թ	Ն	Ր	Տ	Գ	H	Ր	Զ	Մ
Ջ	Ձ	K	Ո	Գ	Ի	Տ	Վ	Յ	Տ	Մ	Ց	Ե	Ց
Յ	Զ	Ը	Տ	Ւ	Գ	Ի	Հ	Հ	Մ	Չ	Թ	Զ	Խ
Ո	Ֆ	Ջ	Չ	Ո	Ր	Ս	Շ	Ծ	Ե	Դ	Ս	Բ	Ն
Ւ	Ր	Լ	Չ	Բ	Մ	Ժ	Ե	Ղ	Ղ	Ի	K	Ո	Բ
Ն	A	Դ	Ճ	Ի	Տ	Ւ	Ո	Ծ	Ո	Վ	Խ	Դ	Ր
Ժ	O	Գ	Ւ	Դ	Կ	Ջ	Ծ	Շ	Ւ	Ֆ	Ջ	Ճ	Ց
Զ	Ֆ	Հ	Խ	Ե	Զ	O	Զ	Ր	Է	Վ	Ռ	Ճ	Ի
Ծ	Պ	Ռ	Ժ	Լ	Ղ	Ձ	Կ	Ւ	Ն	Ճ	Ց	E	Կ
Զ	Ճ	Ի	Ճ	Ո	Ւ	Շ	Ճ	Պ	Ո	Ւ	Ռ	E	Ա
Վ	Չ	Ր	Ժ	Ջ	Է	Ֆ	Ն	Մ	Մ	Ձ	Ջ	Ա	Դ
Ղ	Պ	Ջ	Է	Ն	Շ	A	Ց	Դ	P	Չ	Ջ	Պ	Ա

ՏԼ
ՄԵՂՈՒ
ՄՈՐԵԽ
ՑԻԿԱԴԱ
ԼԵԴԻԲՈՒԳ
ԲԶԵԶ
ՑԵՑ
ԹԻԹԵՐ
ՄՐՋՅՈՒՆ
ԹՐԹՈՒՐ
ՃՊՈՒՌ
ՄԱՆՏԻՍ
ԲՈՒԼ
ՈՒՏԻՃ
ՏԵՐՄԻՏ
ՃԻՃՈՒ
ՄԺԵՂ

44 - Fisica

Ա	Շ	Խ	Մ	Ի	Ջ	Ո	Ւ	Կ	Ա	Յ	Ի	Ն	Ց
Ր	K	Տ	Ա	Ր	Ա	Գ	Ո	Ւ	Թ	Յ	Ո	Ւ	Ն
Ա	Ը	Ո	A	Մ	Զ	Ի	Տ	Ե	Ն	Գ	Ա	Մ	Ը
Գ	Հ	Ւ	Տ	Լ	Ա	Ս	Ր	Ե	Վ	Ի	Ն	Ւ	Ո
Ա	Ւ	Թ	Ե	Ո	Գ	Տ	Ե	Չ	Թ	Ս	Ո	Ց	Ա
Ց	Յ	Յ	Ն	Ձ	Խ	Ո	Ո	Կ	Դ	Ձ	Ր	Ո	Փ
Ո	Ս	Ո	Ա	Ք	Ա	Ա	Ռ	Մ	Ֆ	Է	Տ	Շ	Ղ
Ւ	Յ	Ւ	Ա	Կ	Ի	Ն	Ա	Խ	Ե	Մ	Կ	Ա	Վ
Մ	Խ	Ն	Ջ	Ե	A	Դ	Ա	Գ	Թ	Ղ	Ե	Ր	Ն
Ք	Ի	Մ	Ի	Ա	Կ	Ա	Ն	Բ	Ր	Թ	Լ	Ժ	Ծ
Փ	Ո	Փ	Ո	Խ	Ա	Կ	Ա	Ն	Ի	Ա	Է	Ի	P
Մ	Ա	Ս	Ն	Ի	Կ	Գ	Ա	K	Ջ	Է	Ֆ	Չ	Ն
Ը	Ն	Դ	Լ	Ա	Յ	Ն	Ո	Ւ	Մ	Ը	Ո	Ի	Թ
P	Է	Վ	Մ	Մ	Ո	Լ	Ե	Կ	Ո	Ւ	Լ	A	Կ

ԱՐԱԳԱՑՈՒՄ
ԱՏՈՄ
ՔԱՈՍ
ՔԻՄԻԱԿԱՆ
ԽՏՈՒԹՅՈՒՆ
ԷԼԵԿՏՐՈՆ
ԸՆԴԼԱՅՆՈՒՄ
ՓՈՐՁ
ԲԱՆԱՁԵՒԸ
ԳԱԶ
ԳՐԱՖԻԿ
ՄԱԳՆԵՏԻԶՄ
ՄԵԽԱՆԻԿԱ
ՄՈԼԵԿՈՒԼ
ՇԱՐԺԻՉ
ՄԻՋՈՒԿԱՅԻՆ
ՄԱՍՆԻԿ
ՈՒՆԻՎԵՐՍԱԼ
ՓՈՓՈԽԱԿԱՆ
ԱՐԱԳՈՒԹՅՈՒՆ

45 - Erboristeria

Գ	Ո	Ջ	Ա	Ֆ	Ր	Ա	Ն	Ֆ	Թ	Խ	Ա	Ս	Ը
Ո	E	Ր	Ս	Խ	Տ	Ո	Ր	Կ	Ն	Ւ	Վ	E	Ո
Ր	Ս	Չ	Ա	Ն	Ա	Կ	Ն	Ի	Ե	Ո	Ր	Գ	E
Ծ	Է	Ա	Դ	Կ	Ֆ	Չ	Վ	Ղ	Յ	Ն	Ֆ	Ն	Տ
Ա	Ա	Չ	Մ	Ս	Ս	Ո	Ն	Ա	Դ	Ա	Ղ	Ա	Մ
Ր	Զ	Շ	Ե	Ի	Ջ	Վ	Ւ	Ծ	Փ	Ն	Շ	Ր	Ա
Ա	Ջ	Ն	Ճ	Ճ	Թ	Ո	Ո	H	Կ	Ա	Ռ	Դ	Յ
Ն	Ա	Հ	Ե	Ռ	Զ	Ծ	Գ	Զ	Մ	Գ	Ո	Ո	Գ
Օ	Ր	Ե	Գ	Ա	Ն	Ո	Ր	Ե	Ֆ	Օ	Ջ	Ս	Ի
Ն	Ա	Կ	Ա	Ր	Ա	Ր	Ա	Հ	Ո	Խ	Մ	Յ	Ժ
Ո	Ւ	Ր	Ց	Գ	Ճ	Ւ	Թ	Ց	Ց	Գ	Ա	Է	Գ
Ա	Ն	Ո	Ւ	Շ	Ա	Բ	Ո	Ւ	Յ	Ր	Ր	Է	Ն
Բ	Ա	Ղ	Ա	Դ	Ր	Ի	Չ	L	Փ	Ն	Ի	Ա	Ջ
Շ	A	Մ	Ա	Ր	Ջ	Ո	Ր	Ա	Մ	Կ	K	Ս	Ե

ՍԽՏՈՐ
ԱՆՈՒՇԱԲՈՒՅՐ
ՌԵՀԱՆ
ԽՈՀԱՐԱՐԱԿԱՆ
ԹԱՐԳՈՒՆ
ՍԱՄԻԹ
ԾԱՂԻԿ
ԱՅԳԻ
ԲԱՂԱԴՐԻՉ
ՆԱՐԴՈՍ
ՄԱՐՋՈՐԱՄ
ԱՆԱՆՈՒԽ
ՕՐԵԳԱՆՈ
ԳՈՐԾԱՐԱՆ
ՄԱՂԱԴԱՆՈՍ
ՈՐԱԿ
ՌՈԶՄԱՐԻ
ՈՒՐՑ
ԿԱՆԱՉ
ԶԱՖՐԱՆ

46 - Danza

Ջ	Խ	Ո	Ր	Ե	Ո	Գ	Ր	Ա	Ֆ	Ի	Ա	Շ	Թ
Գ	Ա	Ր	Վ	Ե	Ս	Տ	Մ	Ց	Н	Պ	Ի	Ն	Е
Ա	Ն	Ն	Մ	Շ	Ա	Կ	Ո	Ւ	Յ	Թ	Մ	Ո	Ղ
Ց	Չ	Ի	Տ	Յ	Ա	Հ	Ա	Տ	Ր	Ա	Ե	Ր	Գ
Մ	Ց	Յ	Е	Ժ	Չ	Կ	Ո	Ս	Ծ	Մ	Դ	Հ	Ո
Ո	Խ	Ա	Ր	Ւ	Ո	Դ	Ա	Ս	Ա	Կ	Ա	Ն	Ր
Ւ	Վ	Թ	Տ	Ռ	Ի	Մ	Բ	Ժ	Ջ	Ղ	Կ	О	Ծ
Ն	Ն	Ւ	Հ	Կ	Ճ	Ռ	Ձ	О	Ք	Մ	Ա	Ի	Ը
Ք	Ծ	Ո	Թ	Ռ	Ե	Մ	Ա	Ր	Մ	Ի	Ն	Պ	Ն
Ջ	Ձ	Կ	Ւ	Ի	Բ	L	Պ	Կ	L	Շ	Ջ	Խ	Կ
Ե	Ր	Ա	Ժ	Շ	Տ	Ո	Ւ	Թ	Յ	Ո	Ւ	Ն	Ե
Յ	Ո	Շ	Շ	Ա	Ր	Ժ	Ո	Ւ	Մ	Թ	Ի	Ռ	Ր
Յ	Փ	Մ	Տ	Ե	Ս	Ո	Ղ	Ա	Կ	Ա	Ն	Ը	Վ
Ա	Վ	Ա	Ն	Դ	Ա	Կ	Ա	Ն	Ղ	Ա	Պ	Հ	Դ

ԱԿԱԴԵՄԻԱ
ԱՐՎԵՍՏ
ԴԱՍԱԿԱՆ
ԳՈՐԾԸՆԿԵՐ
ԽՈՐԵՈԳՐԱՖԻԱ
ՄԱՐՄԻՆ
ՄՇԱԿՈՒՅԹ
ՄՇԱԿՈՒԹԱՅԻՆ
ԶԳԱՑՄՈՒՆՔ
ԱՐՏԱՀԱՅՏԻՉ
ՈՒՐԱԽ
ՇՆՈՐՀ
ՇԱՐԺՈՒՄ
ԵՐԱԺՇՏՈՒԹՅՈՒՆ
ՓՈՐՁ
ՌԻԹՄ
ՑԱՏԿԵԼ
ԱՎԱՆԴԱԿԱՆ
ՏԵՍՈՂԱԿԱՆ

47 - Attività Commerciale

Ե	Ա	Ր	Ժ	Ե	Ք	Խ	Ն	Ը	Ձ	Ե	Ղ	Չ	Գ
Շ	Կ	Ո	Օ	Թ	Ա	Ա	Ե	Ն	Ֆ	Ձ	Ի	Ծ	Ո
Ն	Հ	Ա	Դ	Յ	Ը	Ն	Ր	Կ	Ի	Ս	Ժ	Ճ	Ր
Ձ	Լ	Գ	Մ	Ւ	Թ	Ո	Դ	Ե	Ն	Ճ	Ծ	Ւ	Ծ
K	Կ	Ր	H	Ո	Յ	Ւ	Ր	Ր	Ա	Ր	K	Վ	Ա
Ձ	Ա	Ա	Հ	Հ	Ւ	Թ	Ո	Ո	Ն	Հ	Կ	H	Տ
Ն	Ր	Ս	Ն	Ա	Ո	Տ	Ւ	Ւ	Ս	Փ	Ո	Ղ	Ո
Ա	Ի	Ե	Ժ	Շ	Ժ	Ո	Մ	Թ	Ն	Ձ	Լ	Ք	Ւ
Ր	Ե	Ն	Ը	Յ	Ր	Ժ	Ն	Յ	Ե	Ը	Չ	Ռ	Օ
Ա	Ր	Յ	Ց	Ձ	Ա	Վ	Ե	Ո	Ր	Փ	Չ	Ա	Ք
Ծ	Ա	Ա	Ռ	Ը	Ժ	Ժ	Ր	Ւ	Հ	A	Թ	Ճ	Ջ
Ր	Ե	Կ	Ր	Ա	Հ	P	Ք	Ն	Ա	Ր	Պ	Ա	Թ
Ո	Ն	Ա	Շ	Խ	Ա	Տ	Ա	Կ	Ի	Ց	Դ	Վ	Խ
Գ	Ո	Ր	Ծ	Ա	Ր	Ք	Բ	Յ	Ո	Ւ	Ջ	Ե	Ւ

ԲՅՈՒՋԵ
ԿԱՐԻԵՐԱ
ԱՐԺԵՔ
ԳՈՐԾԱՏՈՒ
ԱՇԽԱՏԱԿԻՑ
ԳՈՐԾԱՐԱՆ
ՖԻՆԱՆՍՆԵՐ
ՆԵՐԴՐՈՒՄՆԵՐ
ԱՊՐԱՆՔ
ԽԱՆՈՒԹ
ՇԱՀՈՒՅԹ
ԵԿԱՄՈՒՏ
ՁԵՂՉ
ԸՆԿԵՐՈՒԹՅՈՒՆ
ՓՈՂ
ՀԱՐԿԵՐ
ԳՈՐԾԱՐՔ
ԳՐԱՍԵՆՅԱԿ
ԱՐԺՈՒՅԹ
ՎԱՃԱՌՔ

48 - Ecologia

Ի	Ղ	Գ	Ո	Ղ	Ի	Օ	Փ	Ւ	Ջ	Տ	Գ	Լ	E
Ո	Ր	Ե	Ն	Ս	Ր	Ւ	Ո	Ս	Ե	Ռ	Լ	Ս	H
Հ	Ե	Ս	Հ	Կ	Ա	Յ	Ո	Ւ	Ն	Ց	Ո	Ւ	Ղ
Բ	Ն	Ո	Ւ	Թ	Յ	Ո	Ւ	Ն	Ս	Տ	Բ	P	Ր
Ֆ	Կ	Բ	Ճ	Ր	Մ	Խ	Օ	Ը	Տ	Շ	Ա	Ր	Ե
Ճ	Ա	Օ	Ն	Ծ	Ո	Վ	Ա	Յ	Ի	Ն	Լ	P	Ն
Ն	Ս	Ո	Լ	Ա	Շ	Մ	Ղ	Օ	Ջ	H	Կ	Հ	Ք
Ֆ	Ե	Փ	Ւ	Օ	Կ	Բ	Ո	Ւ	Յ	Ս	Ե	Ր	Ն
Ի	Տ	Լ	Ը	Ն	Դ	Ա	H	P	Տ	Տ	Օ	Ե	Յ
Ւ	Ճ	Ր	Փ	Վ	Ա	Ը	Ն	Ս	Վ	Ա	Է	Ն	Ա
Գ	Ո	Յ	Ա	Տ	Ե	Ւ	Ո	Ւ	Մ	Բ	Ո	Ռ	Մ
Ճ	Ա	Հ	Ի	Ճ	Կ	Լ	Ի	Մ	Ա	K	Ժ	Ե	Ա
Բ	Ո	K	Ղ	Ֆ	Լ	Ո	Ր	Ա	Յ	Թ	Ա	Լ	Հ
Ո	Բ	Ծ	Է	Կ	Ա	Մ	Ա	Վ	Ո	Ր	Ն	Ե	Ր

ԿԼԻՄԱ
ՀԱՄԱՅՆՔՆԵՐ
ՖԱՈՒՆԱ
ՖԼՈՐԱ
ԳԼՈԲԱԼ
ԾՈՎԱՅԻՆ
ԼԵՌՆԵՐ
ԲՆՈՒԹՅՈՒՆ
ԲՆԱԿԱՆ
ՃԱՀԻՃ
ԲՈՒՅՍԵՐ
ՌԵՍՈՒՐՍՆԵՐ
ԵՐԱՇՏ
ԳՈՅԱՏԵՒՈՒՄ
ԿԱՅՈՒՆ
ՏԵՍԱԿՆԵՐ
ԿԱՄԱՎՈՐՆԵՐ

49 - Scienza

Ք	Ց	Բ	Ի	Ռ	Դ	Լ	Օ	Դ	Ծ	Է	Գ	Ս	Հ
Ի	Բ	Ն	Ի	Յ	Ա	Ք	Ե	Թ	Ո	Փ	Ի	Հ	Ա
Մ	Լ	Ո	Պ	P	Մ	Յ	K	Կ	Ե	Թ	Ր	Օ	Ն
Ի	Ր	Ւ	Ծ	Ձ	Ր	Ո	Փ	Գ	H	Է	Ե	Ղ	Ք
Ա	Ց	Թ	Ր	Ա	Ե	Տ	Օ	Ս	Ջ	Վ	Ն	Մ	Ա
Կ	E	Յ	Ց	Մ	Ն	Ս	Ռ	Կ	Ձ	Ո	Լ	Ւ	Յ
Ա	Բ	Ո	Չ	Ի	Կ	Ա	Մ	Ժ	Օ	Լ	Ւ	Ո	Ի
Ն	Ֆ	Ւ	Ձ	Լ	Ի	Փ	Հ	Զ	Ւ	Ո	Ո	Կ	Ն
E	Ի	Ն	Ա	Կ	Ն	Ժ	Ա	Ձ	Ւ	Ւ	Կ	Ր	Բ
Հ	Զ	A	Ր	Ե	Ս	Յ	Ւ	Ո	Բ	Ց	Ե	Ա	Ա
Յ	Ի	Թ	P	Յ	Ա	Յ	Տ	Ա	K	Ի	Լ	Տ	Տ
Խ	Կ	E	Ռ	E	Մ	Գ	Ռ	E	Վ	Ա	Ո	Ի	Ո
E	Ա	Տ	Վ	Յ	Ա	Լ	Ն	Ե	Ր	Վ	Մ	Դ	Մ
Ռ	Փ	Ր	Պ	Բ	Ւ	Օ	Ր	Գ	Ա	Ն	Ի	Զ	Մ

ԱՏՈՄ
ՔԻՄԻԱԿԱՆ
ԿԼԻՄԱ
ՏՎՅԱԼՆԵՐ
ՓՈՐՁ
ԷՎՈԼՈՒՑԻԱ
ՓԱՍՏ
ՖԻԶԻԿԱ
ՀԱՆԱԾՈ
ՀԻՓՈԹԵՔԱՅԻՆ
ՄԵԹՈԴ
ՀԱՆՔԱՅԻՆ
ՄՈԼԵԿՈՒԼՆԵՐ
ԲՆՈՒԹՅՈՒՆ
ՕՐԳԱՆԻԶՄ
ԴԻՏԱՐԿՈՒՄ
ՄԱՍՆԻԿՆԵՐ
ԲՈՒՅՍԵՐ

50 - Acqua

Ճ	Ի	Դ	Ռ	H	Գ	Ե	Տ	Փ	Խ	Ժ	Հ	Ց	Ը
Բ	Ժ	Մ	Գ	K	Ա	Ք	Ժ	Ո	Ո	Գ	A	P	Կ
Ս	Ժ	Ւ	Ե	Ր	Ձ	Ն	Ա	Թ	Ն	Բ	Գ	Ց	Փ
Ա	Ւ	Ո	Պ	Ս	Ձ	Ո	Զ	Ո	Ա	Ւ	Ե	Ն	Թ
Ռ	Կ	Ց	Զ	Ո	Տ	Ս	Ց	Ր	Վ	Չ	Յ	Ց	Ս
Ո	Ի	Ա	Թ	Ն	Տ	Ւ	Գ	Ի	Ո	Ւ	Զ	Ո	Ա
Ւ	Ճ	Ի	Լ	Ա	Ջ	Ո	Խ	Կ	Ւ	Ո	Ե	Ւ	Ռ
Յ	Ժ	Շ	Հ	Ի	Ր	Մ	Ր	Ո	Թ	Ռ	Ր	Ղ	Ն
Ց	Ծ	Ր	Գ	Կ	Ք	Ս	Շ	Ր	Յ	Ո	Ց	Ը	Ա
Զ	Ս	Ո	Հ	Վ	H	Ն	Ձ	Խ	Ո	Գ	Կ	Խ	Մ
Ո	Ծ	Լ	Շ	Օ	Խ	Շ	Ե	Ն	Ւ	Ո	Յ	Ձ	Ա
Ւ	H	Ո	Տ	Հ	Մ	K	Խ	Ր	Ն	Ւ	Տ	E	Ն
Յ	Ջ	Գ	Ջ	Ր	Հ	Ե	Ղ	Ե	Ղ	Մ	Ե	Ժ	Ի
Գ	Գ	Մ	Ջ	Ր	Ս	Ս	Ֆ	Ռ	H	Շ	Ծ	K	Ք

ՋՐՀԵՂԵՂ
ՑՆՑՈՒՂ
ԳՈԼՈՐՇԻԱՑՈՒՄ
ԳԵՏ
ՍԱՌՆԱՄԱՆԻՔ
ԳԵՅԶԵՐ
ՍԱՌՈՒՅՑ
ՈՌՈԳՈՒՄ
ԼԻՃ

ՄՈՒՍՈՆ
ՁՅՈՒՆ
ՕՎԿԻԱՆՈՍ
ԱԼԻՔՆԵՐ
ԱՆՁՐԵՒ
ԽՈՆԱՎՈՒԹՅՈՒՆ
ՓՈԹՈՐԻԿ
ԶՈՒՅԳ

51 - Boxe

Ձ	Մ	Կ	Զ	Ա	Կ	Մ	Ղ	Ւ	H	Ս	Ն	Կ	Զ
Ծ	Շ	Մ	Ճ	Կ	Ը	Հ	Ա	Ռ	Ե	Դ	Յ	Ր	Բ
Ց	Խ	Ա	Զ	Հ	Չ	Ը	Ա	Ր	Ֆ	Կ	Ձ	Ց	Բ
Ք	Բ	Ր	Ղ	Ա	Ձ	Թ	Չ	Գ	Տ	Խ	Ճ	Հ	Ը
Յ	Թ	Մ	Տ	K	Ա	Ր	Ա	Գ	Վ	Ի	Յ	Ա	Ֆ
Պ	Վ	Ի	Բ	Ռ	Ո	Ւ	Ն	Ց	Ք	Ո	Կ	Կ	Զ
Չ	Ա	Ն	Ւ	Ո	Յ	Թ	Ւ	Ո	Տ	Մ	Հ	Ա	Ա
H	Ո	Ր	Ա	Է	Օ	Ֆ	Ֆ	Հ	Մ	Ս	Դ	Ռ	Ն
Ֆ	Ւ	Փ	Ա	Ն	A	Դ	Ձ	Ք	Ի	Պ	Ա	Ա	Գ
Ո	Ժ	Դ	A	Ն	Կ	Ք	Ժ	Փ	Ա	Ա	Տ	Կ	Խ
Կ	Ռ	Ս	Ճ	Ր	Ն	Յ	Յ	Ր	Վ	Ս	Ա	Ո	P
Ո	Լ	Յ	Յ	Ճ	H	Ե	Ո	Լ	Ո	Վ	Վ	Ր	Դ
Ւ	Թ	Ք	Ւ	Ռ	A	Ց	Ր	Ւ	Ր	Ա	Ո	Դ	Ղ
Ս	Ռ	Ժ	Ֆ	Ծ	A	Ե	K	Ք	Ն	Ծ	Ր	Շ	Զ

ՀՄՏՈՒԹՅՈՒՆ
ԱՆԿՅՈՒՆ
ԴԱՏԱՎՈՐ
ՀԱԿԱՌԱԿՈՐԴ
ԶԱՆԳ
ՄԱՐՏԻԿ
ՊԱՐԱՆՆԵՐ
ՄԱՐՄԻՆ
ՍՊԱՍՎԱԾ
ՈՒԺ
ՖՈԿՈՒՍ
ԿԶԱԿ
ԲՌՈՒՆՑՔ
ՄԻԱՎՈՐ
ԱՐԱԳ

52 - Imbarcazioni

Շ	Ա	Ր	Ժ	Ի	Չ	Ս	Կ	Ա	Վ	Ա	Ն	Ը	Կ
P	Ր	Ք	Յ	Օ	Կ	Վ	Ա	Ն	Ա	Տ	Ս	Ա	Լ
Ւ	Ջ	Խ	Օ	H	K	Ո	Յ	Յ	Ս	Յ	Ղ	Բ	Հ
Լ	Ի	Ճ	Բ	Հ	Ճ	Ֆ	Ա	Ը	Լ	Թ	Ս	Փ	Ր
Խ	Տ	Ե	Գ	Փ	Ժ	Ժ	Կ	Ի	Փ	Բ	P	Տ	Ֆ
Ռ	Ս	Ն	Զ	Բ	Ո	Ս	Ա	Ն	Ա	Վ	Ո	Վ	Մ
Ե	Ա	Ի	Ա	Ն	Ձ	Ն	Ա	Կ	Ա	Զ	Մ	Ա	Ձ
Ֆ	Վ	Յ	Ր	Ժ	Ձ	Տ	A	P	Ն	Կ	Օ	Ը	Տ
Լ	Ա	Ա	Ն	Ա	Ր	Ա	Պ	Ց	Չ	Թ	Բ	Ա	Լ
Խ	Ն	Վ	Ջ	P	Խ	Ա	Լ	Կ	Ա	Յ	Մ	Շ	E
Ք	Ը	Ո	Ր	H	Ք	Ց	Ղ	Ի	Ա	Հ	Յ	Ա	Ճ
Ջ	Կ	Ծ	Ւ	Վ	Բ	Ո	Ւ	Յ	Ք	Պ	Ծ	Ո	Վ
Ա	Լ	Ի	Ք	Ն	Ե	Ր	Զ	Է	Գ	Ը	Կ	Կ	Բ
Կ	Օ	Վ	Կ	Ի	Ա	Ն	Ո	Ս	Ջ	Ֆ	Ղ	Թ	Ջ

ԿԱՅՄ
ԽԱՐԻՍԽ
ՍԱՅԼԲՈԱՏ
ԲՈՒՅ
ՆԱՎԱԿ
ՊԱՐԱՆ
ԱՆՁՆԱԿԱԶՄ
ԳԵՏ
ԿԱՅԱԿ
ԼԻՃ
ԾՈՎ
ԱԼԻՔԸ
ՆԱՎԱՍՏԻ
ՇԱՐԺԻՉ
ԾՈՎԱՅԻՆ
ՕՎԿԻԱՆՈՍ
ԱԼԻՔՆԵՐ
ԼԱՍՏԱՆԱՎ
ԶԲՈՍԱՆԱՎ

53 - Chimica

Թ	Ֆ	Գ	Լ	Թ	Ա	Ձ	Գ	Ո	Շ	Ռ	Ր	A	Ց
Մ	Թ	Է	Ն	Թ	Շ	Լ	Ղ	Ա	Ն	Թ	Խ	Վ	Դ
Ո	Հ	Վ	Դ	Ո	Մ	Ց	Կ	Պ	Զ	Բ	Շ	Ն	Ս
Լ	A	Վ	Ա	Ւ	Ի	Լ	Թ	Ա	Բ	P	Ֆ	Պ	Ք
Ե	Ղ	E	Է	Ծ	Ձ	Ճ	Յ	P	Լ	O	Ճ	Ս	Լ
Կ	Յ	Լ	Կ	Ն	Ի	Ծ	Ա	Խ	Ծ	Ա	Է	Ֆ	Ո
Ո	Թ	A	Ր	Մ	Ր	Ն	Ս	Ո	Է	Պ	Յ	Ծ	Ր
Ւ	Ա	Տ	Ո	Մ	Ա	Յ	Ի	Ն	Է	Ջ	Չ	Ի	Ն
Լ	Է	Լ	Ե	Կ	Տ	Ր	Ո	Ն	Ճ	Պ	Վ	Ս	Ն
Զ	E	Վ	Ի	Է	Ֆ	Ե	Ր	Մ	Ե	Ն	Տ	K	Ի
H	Կ	Ւ	Ո	Ղ	Ե	Հ	Ւ	Ռ	Դ	Ր	Փ	H	Ծ
Ժ	Ճ	Խ	Ն	Ի	Յ	Ա	Կ	Ւ	Ո	Ջ	Ի	Մ	Ա
O	Ր	Գ	Ա	Ն	Ա	Կ	Ա	Ն	Ք	Ա	Շ	Ը	Ր
Կ	Ա	Տ	Ա	Լ	Ի	Զ	Ա	Տ	Ո	Ր	Ճ	Հ	Ջ

ԹԹՈՒ
ԱԼԿԱԼԱՅԻՆ
ԱՏՈՄԱՅԻՆ
ՇՈԳ
ԱԾԽԱԾԻՆ
ԿԱՏԱԼԻԶԱՏՈՐ
ՔԼՈՐ
ԷԼԵԿՏՐՈՆ
ՖԵՐՄԵՆՏ
ԳԱԶ
ՋՐԱԾԻՆ
ԻՈՆ
ՀԵՂՈՒԿ
ՄՈԼԵԿՈՒԼ
ՄԻՋՈՒԿԱՅԻՆ
ՕՐԳԱՆԱԿԱՆ
ԹԹՎԱԾԻՆ
ՔԱՇԸ
ԱՂ

54 - Api

Մ	Ե	Ղ	Ր	Դ	Պ	Թ	Ն	Ղ	Փ	Ե	Ղ	Փ	Դ
Բ	Ո	Ւ	Յ	Ս	Ե	Ր	Ա	Պ	Ֆ	Ր	P	H	Ը
Ճ	Ծ	Ջ	Օ	E	Ֆ	Ճ	Ժ	Գ	Ո	Թ	Շ	Ծ	Ի
Ր	H	Գ	A	Կ	Փ	Ճ	Ր	Կ	Ո	Լ	Թ	Դ	Ջ
Տ	Ջ	Ր	Ե	Ն	Կ	Ի	Ղ	Ա	Ծ	Ւ	Ե	Ր	Ա
H	Ձ	Ա	Ա	Տ	K	Մ	Ւ	Թ	Ծ	P	Հ	Ն	Ա
Պ	Ձ	Կ	Ց	Յ	Ւ	P	Թ	Ե	Օ	Ծ	Ջ	Ի	Ս
Ճ	Ծ	Ա	Ղ	Ծ	Գ	Ր	Լ	Փ	H	Ո	Յ	E	P
Ց	Ջ	Մ	Ո	Մ	Ս	Ի	Ֆ	Ա	Վ	Ւ	Օ	Ծ	Դ
Օ	Մ	Ա	Ռ	Թ	Ր	Ե	Ւ	Ե	Թ	Խ	Ւ	Ն	Ք
Շ	Ա	Հ	Ա	Վ	Ե	Տ	Ա	Ջ	Ի	Մ	Յ	Վ	Թ
A	Պ	Ո	Ա	Հ	Գ	Ս	Ն	Ո	Ւ	Ն	Դ	Յ	Թ
Մ	Մ	Կ	Փ	Բ	Ր	Օ	H	Ւ	Ւ	Ւ	Մ	Տ	Ր
Ո	Ջ	Է	Օ	Ւ	Մ	Ւ	Վ	P	Ծ	K	A	Ս	P

ԹԵՒԵՐ
ՓԵԹԱԿ
ՇԱՀԱՎԵՏ
ՄՈՄ
ՍՆՈՒՆԴ
ԷԿՈՀԱՄԱԿԱՐԳ
ԾԱՂԻԿՆԵՐ
ՄՐԳԵՐ
ԾՈՒԽ
ԱՅԳԻ
ՄԻՋԱՏ
ՄԵՂՐ
ԲՈՒՅՍԵՐ
ՊՈԼԵՆ
ԹԱԳՈՒՀԻ
ԵՐԹ
ԱՐԵՒ

55 - Strumenti Musicali

Մ	Վ	Ը	A	P	Բ	Գ	O	Ւ	Ք	Չ	Ւ	O	O
Ձ	P	Մ	Ի	Ռ	Ժ	Ո	Բ	Ջ	E	Ր	Ռ	Ց	L
Չ	Ռ	Ա	Թ	Ի	Կ	Ն	Ո	O	Ո	Ջ	Ն	Ա	Բ
P	P	Ր	Ն	K	Մ	Գ	Ե	Ն	Յ	Ւ	Ե	Տ	Ր
E	Ք	Ի	Գ	Հ	Թ	Մ	Բ	Ո	Ւ	Կ	Թ	Չ	Ձ
Ճ	Ն	Մ	Շ	Ղ	H	Ֆ	Չ	Ֆ	Ղ	Ի	Վ	Ա	Տ
Ջ	Ի	Բ	Ե	H	P	O	H	Ո	Կ	Կ	Կ	Տ	Կ
Բ	L	Ա	Փ	Տ	Վ	Է	Բ	Ս	Ծ	L	Է	Յ	Բ
Ց	Ո	H	Ո	E	Ր	L	Ա	Ք	Մ	Ա	L	Ե	H
Ձ	Դ	Ւ	Ր	Է	Ն	Ո	Ս	Ա	Ֆ	Ր	Ձ	L	Ի
Ի	Ն	Հ	Բ	Ա	L	Պ	Մ	Ս	Յ	Ն	Ռ	Ֆ	Ժ
E	Ա	Ր	Ո	Ե	Գ	Կ	H	Բ	Գ	Ե	K	K	Ք
Ս	Մ	A	Փ	Մ	Ն	Ռ	Ց	Խ	Ո	Տ	Ծ	Վ	Ճ
Դ	Ա	Շ	Ն	Ա	Մ	Ո	Ւ	Ր	Յ	Ն	Ք	Հ	Ե

ՏԱՎԻՂ
ԲԱՆՋՈ
ԿԻԹԱՌ
ԿԼԱՐՆԵՏ
ՖԱՍՈՆ
ՖԼԵՅՏԱ
ԳՈՆԳ
ՄԱՆԴՈԼԻՆ
ՄԱՐԻՄԲԱ
ՕԲՈԵ
ԴԱՇՆԱՄՈՒՐ
ՍԱՔՍՈՖՈՆ
ԲՈՒԲԵՆ
ԹՄԲՈՒԿ
ՇԵՓՈՐ
ՏՐՈՄԲՈՆ
ՋՈՒԹԱԿ

56 - Professioni #2

Ա	Ք	Տ	Ի	Ե	Զ	Ե	Ր	Ա	Գ	Ե	Տ	Ջ	Կ
Տ	Է	Ն	Ա	Բ	Ա	Վ	Զ	Ե	Լ	Ն	Ղ	Ը	A
Ա	Ր	Ե	Ն	Ե	Ժ	Ն	Ի	Ռ	Զ	Գ	Ո	Թ	Թ
Մ	Ճ	Ե	Կ	Ի	Վ	Ի	Ր	Ա	Բ	Ո	Ւ	Յ	Ժ
Ն	Բ	Փ	Շ	Գ	Չ	Ի	Ց	Ւ	Ո	Ս	Ւ	Ո	Ռ
Ա	Ե	Չ	Ի	Ր	Ա	Կ	Ն	Ջ	Ն	Շ	K	Ա	Ռ
Բ	E	Ք	Ժ	Լ	Ո	Ն	Ա	Բ	Ա	Ս	Ն	Ե	Կ
Ո	Ո	Զ	Բ	Յ	Ի	Ղ	Տ	Ե	Պ	Կ	Ռ	H	Լ
Ւ	Ի	Ւ	Յ	Ղ	Ձ	Ս	Ժ	H	Ե	Ծ	Ո	Ղ	P
Յ	K	Ո	E	Զ	Ճ	Ղ	Ո	Ր	Գ	Ա	Ր	Լ	Վ
Ժ	Օ	Դ	Ա	Չ	Ո	Ւ	Փ	Փ	Յ	A	Ծ	Ծ	Ն
Գ	Յ	Ո	Ւ	Տ	Ա	Ր	Ա	Ր	Ա	Օ	Խ	K	P
Գ	Ր	Ա	Դ	Ա	Ր	Ա	Ն	Ա	Վ	Ա	Ր	Դ	Ղ
Ն	Կ	Ա	Ր	Ա	Գ	Ր	Ո	Ղ	Ճ	Գ	K	A	Ա

ՏԻԵԶԵՐԱԳԵՏ
ԳՐԱԴԱՐԱՆԱՎԱՐ
ԿԵՆՍԱԲԱՆ
ՎԻՐԱԲՈՒՅԺ
ԱՏԱՄՆԱԲՈՒՅԺ
ՓԻԼԻՍՈՓԱ
ԱՅԳԵՊԱՆ
ԼՐԱԳՐՈՂ
ՆԿԱՐԱԳՐՈՂ
ԻՆԺԵՆԵՐ
ՈՒՍՈՒՑԻՉ
ԳՅՈՒՏԱՐԱՐ
ՔՆՆԻՉ
ԼԵԶՎԱԲԱՆ
ԲԺԻՇԿ
ՕԴԱՉՈՒ
ՆԿԱՐԻՉ

57 - Cibo #2

E	Վ	Պ	Դ	Ը	Ջ	Բ	Ն	Վ	Խ	Ի	Հ	Լ	Ձ
Բ	Ա	Ն	Ա	Ն	Լ	Ա	Թ	Ե	Ի	Ե	Կ	Ա	Լ
Մ	Հ	Ե	Լ	Կ	Ո	Լ	Ո	Տ	Խ	Ջ	Ե	Ւ	Ց
E	Ձ	Ր	Ո	Ի	Լ	Ն	Ի	Ր	Ղ	Ո	Ղ	Ա	Խ
H	Ո	Ո	Կ	Վ	Ի	Ձ	Ո	Ւ	Կ	Ն	Ւ	Ո	Ս
Ւ	Ւ	Ց	Ո	Ի	Կ	Ձ	Ֆ	Ո	Ե	Մ	Է	Ր	Ջ
A	A	Փ	Շ	Փ	Բ	Շ	Ն	Գ	Յ	Է	Կ	Ո	Ա
Շ	Հ	Ռ	Բ	Ղ	Ռ	Բ	Չ	Ո	Ծ	Չ	Փ	Ձ	Հ
Ս	Մ	Բ	Ո	Ւ	Կ	Ձ	Ր	Յ	Ժ	Տ	Ք	Ն	Խ
Տ	Հ	Պ	Ա	Ն	Ի	Ր	Լ	Ի	Մ	Գ	Ջ	Խ	Բ
Խ	Ո	Ջ	Ա	Պ	Ո	Ւ	Խ	Տ	Ն	Վ	Տ	Վ	Պ
Օ	Ծ	Բ	Ր	Ո	Կ	Կ	Ո	Լ	Ի	Ձ	K	Լ	Հ
Ժ	Ջ	Փ	P	Ա	Տ	H	Գ	Լ	Ա	Յ	K	Լ	Ձ
Ր	Ձ	Ր	Ջ	Ռ	Օ	Շ	P	Յ	Ղ	Բ	Ձ	Վ	Ա

ԲԱՆԱՆ
ԲՐՈԿԿՈԼԻ
ԲԱԼ
ՇՈԿՈԼԱԴ
ՊԱՆԻՐ
ՍՈՒՆԿ
ՑՈՐԵՆ
ԿԻՎԻ
ԽՆՁՈՐ
ՍՄԲՈՒԿ
ՀԱՑ
ՁՈՒԿ
ՀԱՎ
ԼՈԼԻԿ
ԽՈՋԱՊՈՒԽՏ
ԲՐԻՆՁ
ՆԵԽՈՒՐ
ՋՈՒՐ
ԽԱՂՈՂ
ՅՈԳՈՒՐՏ

58 - Nutrizione

Հ	Ա	Խ	Ո	Ր	Ժ	Ա	Կ	Չ	Ձ	Ս	Վ	Դ	Ս
Ր	Ե	Ն	Ք	Ն	Ւ	Ո	Մ	Ե	Մ	Ա	Հ	Ա	Ն
Դ	Ջ	Ղ	Ղ	Ե	Դ	Ր	Ո	Ծ	Ւ	Յ	Ա	Ռ	Ն
Ժ	Ի	Ր	Ո	Շ	Ջ	H	Ա	Ռ	Ո	Ղ	Ջ	Ը	Դ
Ի	Լ	Ե	Տ	Ւ	Ո	Հ	Ղ	K	Ր	Բ	Փ	Շ	Ա
Դ	Ժ	Ն	Տ	Չ	Կ	Ա	Վ	Ց	Ո	Կ	Փ	Ա	Ր
Ծ	Մ	Ա	Ջ	Ա	Ր	Ն	Ծ	Բ	Մ	Ջ	K	Ք	Ա
E	Ե	Ի	Լ	Շ	Ձ	Ի	Ե	Խ	Խ	Փ	Գ	Դ	Ր
Ղ	Ր	Ր	Հ	H	Շ	Ս	P	Ր	Ա	Ծ	Դ	Փ	Խ
Ս	Ւ	Ո	Ո	Ս	Հ	Ք	Ո	Ռ	K	Ջ	Դ	Բ	Ղ
O	O	Լ	Բ	P	Ա	Ո	Ռ	Վ	Ն	Լ	Ր	Ծ	Ի
Ժ	Է	Ա	Ժ	Շ	Մ	Տ	Պ	Ո	Ր	Ա	Կ	Ե	Ժ
Փ	E	Կ	Մ	Ը	Ը	Վ	Ի	Տ	Ա	Մ	Ի	Ն	Ր
Ս	Պ	Ի	Տ	Ա	Կ	Ո	Ւ	Ց	Ն	Ե	Ր	A	Ռ

ԴԱՌԸ
ԱԽՈՐԺԱԿ
ԿԱԼՈՐԻԱՆԵՐ
ԱԾԽԱՋՐԵՐ
ՈՒՏԵԼԻ
ԴԻԵՏԱ
ԽՄՈՐՈՒՄ
ՀԱՄԸ
ՀԵՂՈՒԿՆԵՐ
ՍՆՆԴԱՐԱՐ
ՔԱՇԸ
ՍՊԻՏԱԿՈՒՑՆԵՐ
ՈՐԱԿ
ՍՈՈՒՍ
ԱՌՈՂՋ
ՀԱՄԵՄՈՒՆՔՆԵՐ
ՏՈՔՍԻՆ
ՎԻՏԱՄԻՆ

59 - Matematica

Ո	Թ	Ժ	A	Մ	Զ	Ս	Ի	Մ	Ե	Տ	Ր	Ի	Ա
Պ	L	Վ	H	Մ	Ւ	Ո	Ր	Ա	Ս	Ա	Վ	Ա	Հ
Ո	Շ	Ո	Ա	Մ	Ա	Ս	Ւ	Ի	K	Շ	Ն	Մ	Ա
L	Ր	Գ	Ր	Բ	Ւ	Տ	Ի	Գ	E	Ռ	Ս	Բ	Ս
Ի	Ջ	Ո	Ե	Տ	Ա	Յ	Ն	Թ	Ա	Ր	Ի	Յ	Տ
Գ	Ա	Ւ	Վ	Ջ	Յ	Ն	Ւ	Ր	Ա	Հ	Կ	Ք	Ի
Ո	Պ	Մ	Թ	Ե	Գ	O	Ո	Ը	Ե	Վ	Ե	Վ	Ճ
Ն	Ա	Ա	Փ	Ս	Ւ	Խ	Յ	Ւ	Բ	Գ	Խ	Ռ	Ա
Ք	Տ	Ր	Ը	Ծ	Շ	Ը	Կ	Ե	Թ	K	Յ	Ո	Ն
Ա	Ն	Կ	Յ	Ո	Ւ	Ն	Ն	Ե	Ր	Յ	Ւ	Կ	Ն
Ժ	O	Ի	Ս	Ւ	Ո	Կ	Ա	Ռ	Ա	Ք	Ո	Բ	Ե
Ծ	Ա	Վ	Ա	L	Ը	Ջ	Ռ	Ք	Փ	Ծ	Ց	Ւ	Ր
Բ	Զ	Շ	Կ	Է	Ր	Տ	Ե	Մ	Ի	Ր	Պ	H	Ն
Ն	Տ	Ա	Ս	Ն	Ո	Ր	Դ	Ա	Կ	Ա	Ն	Ֆ	Ժ

ԱՆԿՅՈՒՆՆԵՐ
ԹՎԱԲԱՆՈՒԹՅՈՒՆ
ՇՐՋԱՊԱՏ
ՏԱՍՆՈՐԴԱԿԱՆ
ՀԱՎԱՍԱՐՈՒՄ
ՄԱՍ
ԱՍՏԻՃԱՆՆԵՐ
ԹՎԵՐ
ԶՈՒԳԱՀԵՌ
ՊՐԻՄԵՏՐ
ՊՈԼԻԳՈՆ
ՔԱՌԱԿՈՒՍԻ
ՈԼՈՐՏ
ՍԻՄԵՏՐԻԱ
ԳՈՒՄԱՐ
ԵՌԱՆԿՅՈՒՆԻ
ԾԱՎԱԼԸ

60 - Vacanza #1

Տ	Պ	Կ	Թ	Է	Ե	H	Ս	Մ	Ո	Տ	Է	Ի	Ջ
Ր	Ա	Ճ	Ա	Թ	Ե	Ր	Է	Ձ	Ե	Ֆ	Լ	Մ	Տ
Ա	Յ	Տ	Ն	Ե	Տ	Դ	Թ	Ց	Թ	Ք	Չ	Ւ	Ն
Մ	Ո	Ֆ	Գ	Գ	Ճ	Լ	Շ	Ո	Յ	Ջ	Ե	Ո	Ի
Վ	Ւ	Ջ	Ա	Գ	Ի	Ա	Պ	Ք	Ւ	Ի	Ց	Ն	Յ
Ա	Ս	Ի	Ր	P	Ս	Ն	Մ	Բ	Ո	Ղ	Դ	Կ	Ա
Յ	Ա	Ւ	Ա	Թ	Ժ	Գ	Ա	Պ	Ժ	Օ	Ի	Ե	Ս
Ւ	Կ	Վ	Ն	Ե	H	Ֆ	Թ	P	Ր	Ց	Ծ	Մ	Ք
Ի	Ն	Ք	Ն	Ա	Թ	Ի	Ռ	Ղ	Ա	Ո	Ծ	Շ	Ա
Լ	Թ	Ո	Ւ	Լ	Ա	Ց	Ո	Ւ	Մ	Ն	Ւ	H	Մ
Ա	Ր	Շ	Ա	Վ	Ա	Խ	Մ	Բ	Ի	Ա	Ժ	Կ	Է
Ղ	Կ	Ֆ	Ե	Ա	Ի	Լ	Ի	Ճ	Ւ	Վ	Թ	Ը	Ժ
Ո	Ի	Պ	Է	Թ	Տ	Ս	Ի	Ր	Ւ	Ո	Տ	Ֆ	Օ
Լ	Ո	Ա	Ֆ	Պ	Ֆ	Ք	Ֆ	Ւ	Օ	Հ	Ո	Օ	Ս

ԻՆՔՆԱԹԻՌ
ԳՆԱԼ
ՄԵՔԵՆԱ
ՏՈՄՍ
ՄԱՔՍԱՅԻՆ
ԵՐԹՈՒՂԻ
ԼԻՃ
ԹԱՆԳԱՐԱՆ
ԼՈՂԱԼ
ՀՈՎԱՆՈՑ
ՄԵԿՆՈՒՄ
ԹՈՒԼԱՑՈՒՄ
ԱՐՇԱՎԱԽՄԲԻ
ՏՐԱՄՎԱՅ
ՏՈՒՐԻՍՏ
ՃԱՄՊՐՈՒԿ
ԱՐԺՈՒՅԹ
ՊԱՅՈՒՍԱԿ

61 - Meditazione

Բ	Պ	Ա	Ր	Ձ	Ո	Ւ	Թ	Յ	Ո	Ւ	Ն	Շ	Հ
Ա	Է	Մ	Դ	Ի	Տ	Ա	Ր	Կ	Ո	Ւ	Մ	Ա	Ա
Ր	Ծ	Ի	Ն	Ւ	Ո	Յ	Թ	Ւ	Ո	Ռ	Լ	Ր	Ն
Ո	Ց	Տ	Ւ	Մ	Կ	Չ	A	Ը	Ւ	Ց	Ե	Ժ	Գ
Ւ	Մ	Ք	Ո	Բ	Տ	Ա	Մ	Ն	Շ	Ն	Ր	Ո	Ի
Թ	Տ	Ս	Յ	Ֆ	Մ	Ա	Ր	P	Բ	Դ	Ո	Ւ	Ս
Յ	Ք	E	Թ	Է	Ւ	Ր	Վ	Ե	Հ	Ա	Վ	Մ	Տ
Ո	Ե	H	Ւ	Չ	Ո	Ճ	Ձ	Ո	Կ	Ծ	Ո	Պ	Շ
Ւ	Ր	Գ	Ո	A	Ն	Վ	Ի	Ճ	Ր	Ց	Ս	Ա	Շ
Ն	Ը	Մ	Ղ	Հ	Ւ	L	Ն	Ծ	Բ	Ճ	Ա	Ք	Փ
Շ	Ն	Չ	Ա	Ռ	Ո	Ւ	Թ	Յ	Ո	Ւ	Ն	Ն	Ջ
Ի	Ց	Բ	Ղ	Շ	Դ	Բ	Ջ	O	Ւ	Ը	Շ	A	Ք
Տ	Ի	Ր	Ա	Կ	Ն	Ա	Ռ	Ե	Հ	Ե	Մ	Շ	Ի
A	Չ	O	Խ	Ի	Ը	Բ	A	E	Ր	Հ	Տ	L	A

ԸՆԴՈՒՆՈՒՄ
ՀԱՆԳԻՍՏ
ՊԱՐԶՈՒԹՅՈՒՆ
ԿԱՐԵԿՑԱՆՔ
ԲԱՐՈՒԹՅՈՒՆ
ՄՏԱՎՈՐ
ՄԻՏՔ
ՇԱՐԺՈՒՄ
ԴԻՏԱՐԿՈՒՄ
ԽԱՂԱՂՈՒԹՅՈՒՆ
ՄՏՔԵՐԸ
ՍՈՎՈՐԵԼ
ՀԵՌԱՆԿԱՐ
ՇՆՉԱՌՈՒԹՅՈՒՆ
ԼՌՈՒԹՅՈՒՆ
ՑՆԴԱԾ

62 - Antiquariato

Ա	Ր	Վ	Ե	Ս	Տ	Հ	Ի	Ն	H	Ջ	H	Փ	Ն
Ք	Վ	Ե	Ր	Ա	Կ	Ա	Ն	Գ	Ն	Ո	Ւ	Մ	Ե
Ե	Ա	Պ	Հ	Ճ	Ձ	Փ	Կ	H	Լ	Թ	K	Ր	Ր
Ժ	Դ	Ն	K	K	Է	Ղ	Ա	Տ	Ծ	Ս	Ֆ	Լ	Դ
Ր	Ե	Պ	Դ	Թ	Չ	Լ	Ր	Ճ	Ր	Ջ	Պ	Ղ	Ր
Ա	Կ	A	K	Ա	Չ	Ր	Ո	Վ	Ո	Ս	Ն	Ա	Ո
Լ	Ո	Ր	Ո	Տ	Կ	Ե	Լ	Ո	Կ	Ւ	Ջ	Հ	Ւ
Դ	Ր	Վ	Ա	Վ	Ե	Ր	Ա	Կ	Ա	Ն	Ր	Ւ	Մ
Ա	Ա	Կ	Ա	Հ	Ո	Ւ	Յ	Ք	Ո	Ւ	Ս	Դ	Ն
Ր	Տ	Է	Լ	Ե	Գ	Ա	Ն	Տ	Տ	Ճ	Ր	Տ	Ե
Ւ	Ի	Պ	Ա	Տ	Կ	Ե	Ր	Ա	Ս	Ր	Ա	Հ	Ր
Վ	Վ	Տ	Ա	Ս	Ն	Ա	Մ	Յ	Ա	Կ	Ն	Ե	Ր
Մ	Ե	Տ	Ա	Ղ	Ա	Դ	Ր	Ա	Մ	Ն	Ե	Ր	Օ
Ք	Գ	Ի	Ն	Խ	Դ	Ց	H	Ե	H	H	P	Յ	Վ

ԱՐՎԵՍՏ
ԱՃՈՒՐԴ
ՎԱՎԵՐԱԿԱՆ
ԿՈԼԵԿՏՈՐ
ՏԱՍՆԱՄՅԱԿՆԵՐ
ԴԵԿՈՐԱՏԻՎ
ԷԼԵԳԱՆՏ
ՊԱՏԿԵՐԱՍՐԱՀ
ԱՆՍՈՎՈՐ
ՆԵՐԴՐՈՒՄՆԵՐ
ԿԱՀՈՒՅՔ
ՄԵՏԱՂԱԴՐԱՄՆԵՐ
ԳԻՆ
ՈՐԱԿ
ՎԵՐԱԿԱՆԳՆՈՒՄ
ՔԱՆԴԱԿ
ԴԱՐ
ՈՃ
ԱՐԺԵՔ
ՀԻՆ

63 - Escursionismo

Է	Ր	Ե	Ն	Կ	Ի	Շ	Ո	Կ	Յ	Ն	P	Բ	Ժ
Հ	Չ	Ռ	Ր	Ջ	Շ	Ր	Ն	Ա	Ծ	Ր	Թ	Ն	Ա
Ո	Ւ	Ղ	Ե	Ց	Ո	Ւ	Յ	Ց	Ն	Ե	Ր	Ո	Յ
Ջ	Ձ	Ֆ	Ն	L	Ց	E	Դ	Ա	Զ	Ր	Ե	Ւ	Ռ
Ո	P	Ս	Ի	Ի	Ո	Գ	P	Պ	Վ	Ա	Ն	Թ	Ի
Ւ	Ր	L	Գ	Վ	Ռ	P	O	Ա	Հ	Ք	Ի	Յ	Ք
Ր	Ռ	Ց	Յ	Ն	Թ	Խ	Շ	Տ	Ո	Մ	Ն	Ո	Ա
Ս	K	Չ	Ա	Գ	Ն	Յ	Հ	Ր	Գ	Ո	Ա	Ւ	Ր
Վ	Տ	Ա	Ն	Գ	Ն	Ե	Ր	Ա	Ն	Ծ	Դ	Ն	Տ
A	E	Ա	Կ	L	Ի	Մ	Ա	Ս	Ա	Ա	Ն	A	Ե
Ձ	Փ	Ջ	Ր	A	L	Ծ	Թ	Տ	Ծ	Կ	Ե	Դ	Զ
Ա	Ր	Ե	Ւ	Շ	Դ	Հ	Պ	Ո	Ա	Ն	Կ	Ֆ	Ք
O	Վ	Տ	Զ	Ւ	Ա	Դ	Ո	Ւ	Կ	Ե	Վ	Տ	Չ
Բ	Ե	H	Վ	Ե	Բ	Վ	Ծ	Մ	E	Ր	Ն	Ւ	Տ

ՋՈՒՐ
ԿԵՆԴԱՆԻՆԵՐ
ԱՐՇԱՎ
ԿԼԻՄԱ
ՈՒՂԵՑՈՒՅՑՆԵՐ
ՔԱՐՏԵԶ
ԼԵՌ
ԲՆՈՒԹՅՈՒՆ
ԱՅԳԻՆԵՐ
ՎՏԱՆԳՆԵՐ
ԾԱՆՐ
ՔԱՐԵՐ
ՊԱՏՐԱՍՏՈՒՄ
ԺԱՅՌԻ
ՎԱՅՐԻ
ԱՐԵՒ
ՀՈԳՆԱԾ
ԿՈՇԻԿՆԵՐ
ՄՈԾԱԿՆԵՐ

64 - Professioni #1

Վ	Փ	Ա	Ս	Տ	Ա	Բ	Ա	Ն	Ը	Դ	Ջ	Բ	Ք
Պ	Դ	Ս	Յ	Լ	Շ	Շ	Զ	Ա	Ր	Ա	Ր	Բ	Ա
Ք	Ր	Ի	Գ	Ա	Բ	Մ	Խ	Դ	Գ	Շ	Մ	Դ	Ր
Ղ	Ո	Ո	Ս	Կ	Ե	Ր	Ի	Չ	Ի	Ն	Ո	Ե	Տ
Ա	Ս	Տ	Ղ	Ա	Գ	Ե	Տ	Ե	Տ	Ա	Ւ	Ս	Ո
Գ	Ր	Ց	Ի	Հ	Ր	A	E	Տ	Ն	Կ	Ղ	Պ	Գ
Խ	Ո	Ղ	Հ	Ո	Ո	Շ	K	Հ	Ա	Ա	Ա	Ա	Ր
Տ	Վ	A	Ւ	A	Շ	Գ	Ր	Շ	Կ	Հ	Գ	Ն	Ա
Ն	Ծ	Ր	Ո	Գ	Ա	Ղ	Ե	Դ	Ա	Ա	Ո	Մ	Ֆ
Ե	Ր	Կ	Ր	Ա	Բ	Ա	Ն	Բ	Ն	Ր	Ր	Ա	Մ
Դ	A	Ձ	Ա	Ո	Չ	H	Գ	Ր	Ա	Ա	Ծ	Ր	Ն
P	O	Ջ	Պ	Ն	Կ	Ա	Ր	Ի	Չ	Ն	Ս	Զ	Ֆ
Ջ	Փ	Բ	Ա	Ն	Կ	Ե	Ր	Վ	Ն	Յ	A	Ի	Ի
Ե	Ր	Ա	Ժ	Ի	Շ	Տ	P	Ց	Փ	Ժ	Ղ	Չ	Կ

ՄԱՐԶԻՉ
ԴԵՍՊԱՆ
ՆԿԱՐԻՉ
ԱՍՏՂԱԳԵՏ
ՓԱՍՏԱԲԱՆ
ՊԱՐՈՒՀԻ
ԲԱՆԿԵՐ
ՈՐՍՈՐԴ
ՔԱՐՏՈԳՐԱՖ

ԽՄԲԱԳԻՐ
ԴԵՂԱԳՈՐԾ
ԵՐԿՐԱԲԱՆ
ՈՍԿԵՐԻՉ
ՋՐՄՈՒՂԱԳՈՐԾ
ԵՐԱԺԻՇՏ
ԴԱՇՆԱԿԱՀԱՐ
ՀՈԳԵԲԱՆ
ԳԻՏՆԱԿԱՆ

65 - Antartide

Ն	Տ	Ր	Ե	Ն	Ի	Զ	Ղ	Կ	Ռ	Զ	Ս	Ա	Ջ
Տ	Ո	Ե	Կ	Ի	Չ	O	A	Չ	Ս	Է	Ա	Ր	L
Մ	Ռ	Ն	Ղ	Յ	Ջ	Յ	Ց	Հ	Չ	Տ	Ռ	Շ	Զ
Ւ	Յ	Կ	Ն	Ա	Կ	Ա	Տ	Ի	Գ	Ծ	Ո	Ա	Է
Ո	Ա	Ա	E	Ք	Գ	E	Վ	Ե	E	Շ	Ւ	Վ	Ջ
Ն	Ժ	Ս	Ժ	Ն	Ա	Ր	Ե	Տ	Ե	Կ	Յ	Ա	Ն
Ա	Ջ	Ե	Ղ	Ա	Ֆ	Շ	Ո	Բ	Փ	Կ	Ց	Խ	Ց
Պ	Յ	Տ	Զ	Հ	K	Ֆ	K	Ւ	Ր	Ե	Պ	Մ	Ա
Հ	Ե	Տ	Ա	Զ	Ո	Տ	Ո	Ղ	Թ	Զ	Վ	Բ	Ր
Ա	Շ	Խ	Ա	Ր	Հ	Ա	Մ	Ա	Ս	Յ	Բ	Ի	Ժ
Պ	Յ	Թ	Ե	Ր	Ա	Կ	Ղ	Զ	Ի	Ջ	Ո	Ա	L
Ս	Ա	Ռ	Ց	Ա	Դ	Ա	Շ	Տ	Ե	Ր	Ո	Ւ	Յ
Մ	Ի	Գ	Ր	Ա	Ց	Ի	Ա	Յ	Ի	Ժ	E	Ւ	Ն
Ջ	Ե	Ր	Մ	Ա	Ս	Տ	Ի	Ճ	Ա	Ն	Ը	Մ	Ր

ՋՈՒՐ
ԲԱՑ
ԿԵՏԵՐ
ՊԱՀՊԱՆՈՒՄ
ԱՇԽԱՐՀԱՄԱՍ
ՍԱՌՑԱԴԱՇՏԵՐ
ՍԱՌՈՒՅՑ
ԿՂԶԻՆԵՐ
ՄԻԳՐԱՑԻԱՅԻ
ՀԱՆՔԱՅԻՆ
ԱՄՊԵՐ
ԹԵՐԱԿՂԶԻ
ՀԵՏԱԶՈՏՈՂ
ԺԱՅՌՈՏ
ԳԻՏԱԿԱՆ
ՏԵՍԱԿՆԵՐ
ԱՐՇԱՎԱԽՄԲԻ
ՋԵՐՄԱՍՏԻՃԱՆԸ
ՏԵՂԱԳՐՈՒԹՅՈՒՆ

66 - Libri

Տ	Ձ	Է	Չ	Գ	K	Ե	Ն	Խ	E	Փ	Ս	Հ	K
Հ	Ղ	Ո	Ց	Ր	Ե	Թ	Ն	Ը	Հ	Թ	Ե	Ե	A
Հ	Ա	Չ	Հ	Վ	Ք	Յ	Ա	Է	Ա	Հ	Ր	Ղ	Թ
Ն	Ի	Մ	Ն	Ա	Թ	Ւ	Կ	Վ	Վ	Ա	Ի	Ի	L
Ա	Ձ	Ւ	Ա	Ծ	Յ	Ո	Ա	Ձ	Ա	Մ	Ա	Ն	Յ
Ր	Ե	Ո	Կ	Տ	Ս	Ն	Ր	Ւ	Ք	Ա	E	Ա	Ղ
Ա	Ո	Մ	Ա	Է	Ե	Բ	Գ	Ղ	Ա	Պ	H	Կ	Յ
Մ	Պ	Ղ	Գ	Օ	Ը	Ք	Գ	Ո	Ծ	Ա	Կ	Ր	Ա
Ի	Ե	Կ	Ր	Յ	Ք	Յ	Ս	Մ	Ո	Տ	A	L	Դ
Տ	Վ	Ն	Ե	P	L	E	Ն	Տ	Ւ	Ա	Ս	Գ	Ֆ
Թ	Թ	Ը	Բ	Հ	Պ	Տ	L	Ա	Ծ	Ս	E	Ա	E
Դ	Յ	Է	Ղ	Ե	Ճ	Ռ	Ո	Պ	Բ	Խ	Ր	Ք	A
Ս	Ն	Ւ	Ո	Յ	Թ	Ւ	Ո	Մ	Տ	Ա	Պ	Է	Զ
Պ	Ա	Տ	Մ	Ա	Կ	Ա	Ն	Ֆ	Ջ	Ն	Օ	Ճ	Ճ

ՀԵՂԻՆԱԿ
ԱՐԿԱԾ
ԲՆՈՒՅԹ
ՀԱՎԱՔԱԾՈՒ
ՀԱՄԱՏԵՔՍՏ
ԸՆԿՂՄՈՒՄ
ՀՆԱՐԱՄԻՏ
ԳՐԱԿԱՆ
ԸՆԹԵՐՑՈՂ
ՊԱՏՄՈՂ
ԷԶ
ՊՈԵԶԻԱ
ՀԱՄԱՊԱՏԱՍԽԱՆ
ՎԵՊ
ԳՐՎԱԾ
ՍԵՐԻԱ
ՊԱՏՄՈՒԹՅՈՒՆ
ՊԱՏՄԱԿԱՆ
ՈՂԲԵՐԳԱԿԱՆ

67 - Geografia

Տ	Օ	Ղ	Ե	Օ	Ձ	Չ	Ք	Ք	Բ	Ռ	Ա	Լ	Շ
Խ	H	Է	Բ	Վ	Ւ	Ս	Ա	Լ	Տ	Ա	Շ	Ա	Դ
Ս	Վ	Ն	Կ	Ղ	Չ	Ի	Ր	P	Ս	Ֆ	Խ	Յ	Ո
Մ	Ք	Ա	Ղ	Ա	Ք	E	Տ	P	H	Փ	Ա	Ն	Ց
Յ	Ե	Ջ	Տ	Պ	Ճ	Ճ	Ե	Հ	Թ	Ա	Ր	Ո	Ն
Տ	Ե	Ր	Ս	Գ	A	K	Չ	Ք	Խ	L	Հ	Ւ	Ո
Ա	Ր	Շ	Ի	Ա	Շ	Խ	Ա	Ր	Հ	Ե	Ա	Թ	Տ
Ր	Կ	Ա	Ս	Դ	Հ	Ա	Ր	Ա	Վ	Ռ	Մ	Յ	Ծ
Ա	Ի	Ծ	Ւ	Ղ	Ի	Ծ	Ո	Վ	Պ	Ե	Ա	Ո	Շ
Ծ	Ր	Ա	Ո	Ի	H	Ա	Վ	Ի	Գ	Գ	Ս	Ւ	Ւ
Ք	Խ	Ր	Յ	Ե	Փ	Ղ	Ն	K	P	Խ	Մ	Ն	Գ
Ժ	Փ	Ա	Հ	Կ	Ի	Ս	Ա	Գ	Ո	Ւ	Ն	Դ	Ե
Ի	Ք	Տ	Ւ	Ո	Մ	Ւ	Ե	Ր	Ա	Պ	Ղ	Ո	Տ
Ե	Ր	Կ	Ա	Յ	Ն	Ո	Ւ	Թ	Յ	Ո	Ւ	Ն	P

ԱՏԼԱՍ
ՔԱՂԱՔ
ԱՇԽԱՐՀԱՄԱՍ
ԿԻՍԱԳՈՒՆԴ
ԳԵՏ
ԿՂՉԻ
ԼԱՅՆՈՒԹՅՈՒՆ
ԵՐԿԱՅՆՈՒԹՅՈՒՆ
ՔԱՐՏԵՉ
ԾՈՎ
ՄԵՐԻԴԻԱՆ
ԱՇԽԱՐՀ
ԼԵՌ
ՀՅՈՒՍԻՍ
ԱՐԵՒՄՈՒՏՔ
ԵՐԿԻՐ
ՏԱՐԱԾԱՇՐՋԱՆ
ՀԱՐԱՎ
ՏԱՐԱԾՔ

68 - Cibo #1

Ճ	Դ	Գ	Ն	Ճ	Չ	Ա	Ն	Ւ	Ո	Թ	Ա	Կ	Ց
Խ	Ա	Ն	Ա	Պ	Ս	Ֆ	Ն	Ք	Ֆ	Պ	H	Խ	Զ
Ծ	Ր	Կ	Հ	Զ	Յ	Ս	Կ	Ա	Լ	Ե	H	Ֆ	Ֆ
Գ	Չ	Զ	Ե	Ց	Ա	Փ	Ղ	Հ	Ն	Ա	Բ	Ը	Խ
Ռ	Ի	Կ	Ռ	Պ	Ի	Ր	Ա	Գ	Խ	Ո	K	A	Ն
Ճ	Ն	Շ	Ի	Ժ	Ղ	Ռ	Ն	Ձ	Ճ	Բ	Ւ	Տ	Ջ
Հ	Տ	Ս	Շ	Տ	Ս	Ե	Ե	Թ	Հ	A	Է	Խ	Զ
Շ	Ն	Խ	Ա	Ձ	Ր	Ա	Ք	Ա	Շ	Ր	Ւ	Ո	Ա
Ա	Վ	Տ	Ֆ	Ղ	E	Ո	Հ	Յ	Ո	Ւ	Թ	Ս	Ղ
Ղ	Ա	Ո	Տ	Ո	Ր	Թ	Ն	Տ	Ա	Ն	Ձ	Ի	Ց
Գ	Փ	Ր	Ե	Թ	Դ	Ե	Ւ	Շ	Գ	K	Մ	Մ	Ա
Ա	Ո	Թ	Ւ	Լ	Օ	Կ	Վ	Ւ	Լ	Կ	Մ	Ը	Ն
Մ	Գ	Հ	Փ	Ն	Չ	Ո	Ց	Գ	Յ	Փ	Թ	Տ	H
Յ	Ա	Բ	Ա	Ո	K	Ե	Ձ	Ճ	Ֆ	Դ	Գ	Բ	Չ

ՍԽՏՈՐ
ՌԵՀԱՆ
ԴԱՐՉԻՆ
ՄԻՍ
ԳԱԶԱՐ
ՍՈԽ
ԵԼԱԿ
ԱՂՑԱՆ
ԿԱԹ
ԿԻՏՐՈՆ

ԱՆԱՆՈՒԽ
ԳԱՐԻ
ՏԱՆՁ
ՇԱՂԳԱՄ
ԱՂ
ՍՊԱՆԱԽ
ՀՅՈՒԹ
ԹՈՒՆԱ
ՏՈՐԹ
ՇԱՔԱՐ

69 - Aeroplani

Բ	Փ	Ծ	Շ	Զ	Ժ	Օ	Դ	Ր	Ո	Ց	Ն	Ա	Վ
Ա	Ո	Զ	Ղ	Ի	Ա	Խ	Շ	Ծ	Շ	Ց	Շ	Մ	Ա
Ր	Ւ	Ց	Ղ	E	Ն	Ի	Ծ	Ա	Ր	Ջ	Ա	Ը	Ռ
Ձ	Ղ	Ի	Փ	Կ	Ւ	Ա	Ռ	Կ	P	Տ	Ր	Դ	Ե
Ր	Ղ	K	Օ	Ա	Ո	Ֆ	Ր	Ր	Ք	Պ	Ժ	Ի	Լ
Ո	Ո	Դ	Օ	Ն	Յ	Մ	A	Ա	Խ	Ե	Ի	Զ	Ի
Ւ	Ւ	Տ	Փ	Ձ	Թ	Ւ	Թ	Ք	Ր	Յ	Չ	Ա	Ք
Թ	Թ	Ն	Ո	Ն	Ւ	Ո	Դ	Ն	Օ	Ա	Պ	Յ	Ւ
Յ	Յ	Կ	Ւ	Ա	Ո	Գ	Խ	Ի	Ո	H	Կ	Ն	Է
Ո	Ո	Ո	Չ	Կ	Մ	Ա	Ս	Կ	Ւ	Լ	Ք	Ա	Թ
Ւ	Ւ	Ւ	Ի	Ա	Տ	Ծ	Ի	Ր	Մ	Ե	Ո	Ժ	Ն
Ն	Ն	Մ	Կ	Զ	Ա	Ո	Ֆ	Ե	Շ	Չ	Ն	Ր	Դ
Ը	Ե	Վ	Ծ	Մ	Պ	Ձ	Յ	A	Ւ	Փ	Ն	Ր	Տ
Օ	Դ	Ա	Չ	Ո	Ւ	Ք	Ք	Մ	Զ	Ղ	Ւ	Ծ	Ք

ԲԱՐՁՐՈՒԹՅՈՒՆԸ
ՕԴ
ՄԹՆՈԼՈՐՏ
ՏՆԿՈՒՄ
ԱՐԿԱԾ
ՎԱՌԵԼԻՔ
ԵՐԿԻՆՔ
ՇԻՆԱՐԱՐԱԿԱՆ
ԴԻԶԱՅՆ
ՈՒՂՂՈՒԹՅՈՒՆ
ԾԱԳՈՒՄ
ԱՆՁՆԱԿԱԶՄ
ՓՉԵԼ
ՋՐԱԾԻՆ
ՇԱՐԺԻՉ
ՓՈՒՉԻԿ
ԱՆՑՈՐԴ
ՕԴԱՉՈՒ
ՊԱՏՄՈՒԹՅՈՒՆ

70 - Spiaggia

Լ	Ո	Ղ	Ա	Լ	Ս	Ր	Բ	Ի	Չ	Ծ	Ս	Ն	Ա
A	Ց	Հ	Զ	Ի	Ռ	Ց	Յ	Զ	Ի	Ո	Ա	Ա	Ր
Դ	Ծ	Ո	Վ	Ա	Ծ	Ո	Ց	Ղ	Տ	Վ	Յ	Վ	Ձ
Հ	Ճ	Ղ	Ո	Թ	Վ	Ն	Ծ	Կ	Վ	Ա	Լ	Ա	Ա
Հ	Լ	Լ	Ծ	Ջ	Պ	Ա	Ե	Ն	Դ	Խ	Բ	Կ	Կ
Յ	Ղ	Օ	P	Ս	Պ	Վ	Պ	Ճ	Ր	Ե	Ո	Ք	Ո
Օ	Վ	Օ	Լ	Ո	Պ	Ո	Ր	Ն	Ս	Ց	Ա	Դ	Ւ
Ճ	Ղ	Զ	Ի	Ն	A	Հ	Ֆ	Յ	Ի	Գ	Տ	Գ	Ր
Ս	Ա	Ն	Դ	Ա	Լ	Ն	Ե	Ր	Ձ	Ե	Ձ	Ի	Դ
Ա	Պ	Ը	Ն	Ի	Ջ	Ծ	Ի	Թ	Ժ	Տ	Փ	Ճ	K
Ե	Ր	Ջ	Կ	Կ	Ճ	Ք	Լ	K	Ա	Ի	Ֆ	A	Խ
Տ	Տ	Ե	Փ	Վ	A	Ք	Ե	Ժ	Օ	Ն	Դ	Ց	Ք
Տ	E	Ե	Ւ	Օ	Ֆ	Յ	Ռ	Ի	Ե	Ա	Փ	Ր	Ձ
Կ	Ա	Պ	Ո	Ւ	Յ	Տ	Վ	Ա	Վ	Ե	Ց	Ւ	Ռ

ՍՐԲԻՉ
ՆԱՎԱԿ
ՍԱՅԼԲՈԱՏ
ԿԱՊՈՒՅՏ
ԱՓ
ԾՈՎԱԽԵՑԳԵՏԻՆ
ԿՂԶԻ
ԾՈՎԱՃՈՑ
ԾՈՎ
ԼՈՂԱԼ
ՕՎԿԻԱՆՈՍ
ՀՈՎԱՆՈՑ
ԱՎԱԶ
ՍԱՆԴԱԼՆԵՐ
ՌԵԼԻԵՖ
ԱՐԵՒ
ԱՐՁԱԿՈՒՐԴ

71 - Bellezza

Գ	Դ	Կ	Տ	Խ	Գ	Շ	Ի	Հ	Հ	H	Ճ	Ա	Ի
Մ	Ա	Ի	Ն	Ց	Ո	Փ	Ա	Ր	Հ	Ր	Ո	Ն	Շ
Ծ	Շ	Ն	Ա	Գ	Ւ	Ճ	Ա	Մ	Ր	Ա	O	Տ	Ա
H	A	Ե	Գ	Շ	Յ	Ա	Ո	Ք	Պ	Շ	Ր	Ռ	Կ
Ե	E	Գ	Ե	Ո	Ն	Ս	Չ	Մ	E	Ո	Մ	Թ	Ւ
Փ	Ղ	Ո	Լ	Լ	Ւ	Ջ	Ը	Ն	Ք	Ռ	Ւ	Խ	Հ
Բ	Ղ	Տ	Է	Ֆ	Ժ	Ր	Ֆ	Ծ	Շ	Մ	Ռ	Ն	Մ
Հ	Ռ	Ո	Ց	Շ	Ւ	Ի	Ն	Ռ	Բ	Կ	A	Ծ	Ա
Ի	Կ	Ֆ	Կ	Ձ	Ծ	A	A	Ե	Ֆ	Ր	Ր	Ռ	Յ
Բ	Ո	Ւ	Ր	Մ	Ո	Ւ	Ն	Ք	Ր	Ա	Ե	Ը	Ք
Ս	K	Ս	Տ	Ի	Լ	Ի	Ս	Տ	Ջ	Տ	Ղ	Կ	Ը
Ը	Ֆ	Շ	Ք	Ե	Ղ	Ո	Ւ	Թ	Յ	Ո	Ւ	Ն	Հ
Կ	Ո	Ս	Մ	Ե	Տ	Ի	Կ	Ա	Ն	Ը	Ո	K	Տ
A	Ն	K	P	Կ	Ք	Փ	Ձ	Ի	Լ	Ե	Յ	Ա	Հ

ԳՈՒՅՆ
ԿՈՍՄԵՏԻԿԱ
ԷԼԵԳԱՆՏ
ՇՔԵՂՈՒԹՅՈՒՆ
ՀՄԱՅՔԸ
ՄԿՐԱՏ
ՖՈՏՈԳԵՆԻԿ
ԲՈՒՐՄՈՒՆՔ
ՇՆՈՐՀ
ՀԱՐԹ
ՅՈՒՂԵՐ
ԿԱՇԻ
ԳԱՆԳՈՒՐՆԵՐ
ՇԱՄՊՈՒՆ
ՀԱՅԵԼԻ
ՍՏԻԼԻՍՏ

72 - Forme

Պ	Ռ	Ջ	Բ	Ց	Փ	Ս	Պ	Ի	Լ	Է	Օ	Մ	Թ
Կ	Դ	Ր	Ա	Ն	Ա	Ր	Ո	Խ	Զ	Օ	Վ	Ն	H
Ի	Ո	Ւ	Ձ	Ո	Ղ	Ո	Լ	Ա	Է	Ծ	Ա	Կ	Տ
Լ	Օ	Ղ	Ա	Ժ	Ե	Կ	Ի	Ն	Ս	Է	Լ	Մ	Ը
Ց	Ս	Ւ	Մ	Ռ	Ղ	Ր	Գ	Կ	Կ	Ո	Ն	Տ	Խ
Խ	Ի	K	Զ	Յ	Ղ	Ե	Ո	Յ	Բ	Ո	Ւ	Ր	Գ
Ծ	Օ	Հ	Ի	Հ	Օ	Զ	Ն	Ո	Գ	Գ	Գ	Ո	Ս
Կ	Ա	Կ	Ր	Չ	Տ	Ր	Յ	Ւ	Զ	Լ	Ջ	Լ	Ժ
Հ	Ծ	Ց	Պ	Ո	H	Ե	Ե	Ն	Թ	Կ	Ա	Ո	Զ
Չ	Ւ	Ա	Լ	Ո	Բ	Ր	Ե	Պ	Ի	Հ	Վ	Ն	Հ
Ո	Ւ	Ղ	Ղ	Ա	Ն	Կ	Յ	Ո	Ւ	Ն	Ի	Ձ	Ո
A	Մ	H	A	Գ	Ռ	A	Լ	Ժ	Ձ	Գ	Խ	Ւ	Ճ
Է	Բ	Ղ	Կ	Ի	Ս	Ւ	Ո	Կ	Ա	Ռ	Ա	Ք	Գ
Ց	P	Ժ	Լ	Ծ	Ջ	Ե	Ռ	Յ	Ծ	Ւ	Պ	A	Ն

ԱՆԿՅՈՒՆ
ԱՂԵՂ
ԵԶՐԵՐ
ՑԼԻԿ
ԳԼԱՆ
ԿՈՆ
ԽՈՐԱՆԱՐԴ
ԿՈՐ
ԷԼԻՊՍ
ՀԻՊԵՐԲՈԼԱ

ԿՈՂՄ
ԳԻԾ
ՕՎԱԼ
ԲՈՒՐԳ
ՊՈԼԻԳՈՆ
ՊՐԻԶՄԱ
ՔԱՌԱԿՈՒՍԻ
ՈՒՂՂԱՆԿՅՈՒՆԻ
ՈԼՈՐՏ

73 - Oceano

Ց	Ծ	Ո	Կ	Ջ	Ր	Ի	Մ	Ո	Ւ	Ռ	Ն	Ե	Ր
Ս	Ո	Թ	Ւ	Փ	Ի	Ջ	Գ	Ռ	Դ	Տ	Խ	H	Պ
Պ	Վ	Ո	Ո	Թ	Ը	Ր	Խ	O	E	Մ	Յ	A	Ն
Ո	Ա	Ւ	Ձ	Ց	Ո	Ջ	Ր	Ե	Ն	Ք	Ի	L	Ա
Ւ	Խ	Ն	Ա	Ց	Վ	Տ	Տ	Թ	Յ	Ո	Ֆ	A	Վ
Ն	Ե	Ա	Ձ	Ա	Ղ	Է	Ն	Ձ	Է	Խ	Ք	Ո	Ա
Գ	Ց	Ր	O	Դ	E	Զ	Բ	Ո	Ո	Վ	Գ	Վ	Կ
Ւ	Գ	Ժ	Ս	Ե	Դ	Ի	Տ	Կ	Ւ	Ւ	Ւ	Է	K
P	Ե	Ր	Թ	Ո	K	Ւ	Ե	Ր	Ր	Կ	Կ	P	Գ
Տ	Տ	E	Ճ	A	Ք	Ժ	Կ	Ի	Ր	Ո	Թ	Ո	Փ
Ց	Ի	Ժ	Խ	Բ	Ե	P	Ձ	Ա	Ն	Շ	Փ	Ո	A
Փ	Ն	Ռ	Ե	L	Ի	Ե	Ֆ	Կ	Ո	Ր	Ա	L	Շ
Ք	Ծ	A	Դ	Ե	L	Ֆ	Ի	Ն	Ս	Բ	O	Ե	Ճ
Մ	Ե	Դ	Ո	Ւ	Զ	Ա	Վ	Ա	E	Դ	Գ	Բ	Ֆ

ՋՐԻՄՈՒՌՆԵՐ
ՕՁԱՁՈՒԿ
ԿԵՏ
ՆԱՎԱԿ
ԿՈՐԱԼ
ԴԵԼՖԻՆ
ԾՈՎԱԽԵՑԳԵՏԻՆ
ՏԻԴԵՍ
ՄԵԴՈՒԶԱ
ԱԼԻՔՆԵՐ
ՈՍՐԵ
ՁՈՒԿ
ՈՒԹՈՏՆՈՒԿ
ԱՂ
ՌԵԼԻԵՖ
ՍՊՈՒՆԳ
ՇՆԱՁ
ԿՐԻԱ
ՓՈԹՈՐԻԿ
ԹՈՒՆԱ

74 - Famiglia

Մ	Ն	Ն	Ց	Վ	Մ	Ա	Ո	Ւ	Ն	Տ	Ե	Վ	Յ
Ա	Ա	Ջ	Կ	Ի	Պ	Ա	Պ	Գ	Բ	Փ	Ր	Լ	Ե
Ն	Խ	Լ	Ի	Ջ	Ր	Ր	Յ	Ա	Բ	Ղ	Ե	Ց	Ղ
Կ	Ա	Մ	Տ	Խ	Յ	Խ	Ը	Ր	Լ	Հ	Խ	Դ	Բ
Ո	Հ	Ձ	Ա	Հ	Ա	Տ	Ն	Ը	Ա	Վ	Ա	P	Ո
Ւ	Ա	Ա	Տ	Ա	Բ	Ր	Ա	Չ	Ւ	Կ	Փ	K	Ր
Թ	Յ	Ր	Ի	Յ	Ղ	Չ	Կ	Փ	Ը	Ղ	Ա	Ւ	Ո
Յ	Ր	Մ	Ծ	Ր	Ե	Ն	Ա	Խ	Ե	Ր	Ե	Ն	Ր
Ո	Բ	Ի	Լ	Յ	Ր	Ի	Ր	Ր	Ղ	Տ	Ծ	Գ	Դ
Ւ	Մ	Կ	Ր	Ւ	Ո	Ս	Յ	Մ	Ս	Ս	Յ	Ք	Ի
Ն	Ա	Յ	Ջ	Ո	Հ	Ւ	Ա	P	A	Ւ	Է	Ֆ	Ն
Կ	Յ	Փ	Չ	Ք	Ս	Ո	Հ	Կ	Յ	Ո	Չ	Ռ	Ն
Ջ	Ր	Կ	Ի	Ն	Ը	Մ	Լ	H	Բ	Դ	Վ	Ե	Յ
Ս	Է	Ր	Ե	Ն	Կ	Ա	Յ	Ր	Ո	Վ	Կ	Ր	Ե

ՆԱԽԱՀԱՅՐ
ԵՐԵԽԱՆԵՐ
ԵՐԵԽԱ
ՁԱՐՄԻԿ
ԴՈՒՍՏՐ
ԵՂԲԱՅՐ
ԵՐԿՎՈՐՅԱԿՆԵՐ
ՄԱՆԿՈՒԹՅՈՒՆ
ՄԱՅՐ
ԱՄՈՒՍԻՆ
ՄԱՅՐԱԿԱՆ
ԿԻՆԸ
ԵՂԲՈՐՈՐԴԻՆ
ՏԱՏԻԿ
ՊԱՊԻԿ
ՀԱՅՐ
ՀԱՅՐԱԿԱՆ
ՔՈՒՅՐ
ԱՈՒՆՏ
ՀՈՐԵՂԲԱՅՐ

75 - Creatività

Ի	Գ	Ե	Ղ	Ա	Ր	Վ	Ե	Ս	Տ	Ա	Կ	Ա	Ն
Շ	Ն	Ո	Ի	Ս	Ե	Ր	Պ	Ս	Ք	Է	Ո	Ճ	Ս
Ե	Փ	Տ	Ի	Ս	Կ	Ո	Ւ	Թ	Յ	Ո	Ւ	Ն	Ը
Ո	Ջ	Ր	Ե	Կ	Տ	Ա	Պ	Ֆ	Ջ	Ռ	Ո	Գ	Օ
Դ	Գ	Հ	Ֆ	Ն	Ի	Ն	Ք	Ն	Ա	Բ	Ո	Ւ	Խ
Ր	Է	Ե	Մ	Տ	Ս	Հ	Ն	Ա	Ր	Ա	Մ	Ի	Տ
Ա	Թ	Ճ	Շ	Տ	Ա	Ի	Ց	Ի	Ւ	Ո	Տ	Ն	Ի
Մ	Տ	Փ	Ն	Ն	Ո	Գ	Վ	Ե	Ա	Ճ	Պ	Ր	Ա
Ա	Ձ	Օ	Կ	Հ	Չ	Ւ	Ւ	Ա	Ծ	Վ	Ս	Վ	K
Տ	Ս	Գ	Օ	Կ	Ֆ	Ո	Թ	Պ	Ց	Ձ	Թ	Ը	Շ
Ի	Չ	Լ	Ղ	Ք	Ա	Ա	Ւ	Յ	A	Ն	Ա	K	Ս
Կ	Է	Ռ	Ժ	Դ	Կ	H	Պ	Մ	Ո	Բ	Ե	K	Է
Ս	Ե	Ն	Ս	Ա	Ց	Ի	Ա	Խ	Տ	Ւ	Ե	Լ	Վ
Պ	Ա	Ր	Զ	Ո	Ւ	Թ	Յ	Ո	Ւ	Ն	Ն	Շ	Տ

ՀՄՏՈՒԹՅՈՒՆ
ԳԵՂԱՐՎԵՍՏԱԿԱՆ
ԻՍԿՈՒԹՅՈՒՆԸ
ՊԱՐԶՈՒԹՅՈՒՆ
ԴՐԱՄԱՏԻԿ
ԷՔՍՊՐԵՍԻՈՆ
ՊԱՏԿԵՐ
ԻՆՏԵՆՍԻՎԱՑՆԵԼ
ԻՆՏՈՒԻՑԻԱ
ՀՆԱՐԱՄԻՏ
ՈԳԵՇՆՉՈՒՄ
ՍԵՆՍԱՑԻԱ
ԻՆՔՆԱԲՈՒԽ

76 - Veicoli

Ն	Վ	Հ	Ժ	Թ	Ա	Շ	Ն	Ի	P	Ն	Ց	Ե	L
Ր	Ա	Ա	Ք	Ո	Վ	Ս	Ա	Մ	Ե	Տ	Ր	Ո	Ա
Բ	Ն	Վ	Ն	Յ	Տ	Կ	Վ	Ր	Ս	Դ	Ո	Ւ	Ս
Ի	Ս	Ք	Ա	Տ	Ո	Ո	Ա	Հ	Ժ	Վ	E	Մ	Տ
Հ	Ե	Ց	Զ	Կ	Բ	Ւ	Ր	Շ	Տ	Ի	Յ	Ե	Ա
Յ	Ր	Ա	Տ	Ի	Ո	Տ	Ա	Ռ	Ր	Ն	Չ	Ք	Ն
Ծ	Ի	Ն	Թ	Յ	Ւ	Ե	Ք	Ի	Ա	Ա	Վ	Ե	Ա
Ջ	Տ	Գ	Մ	K	Ս	Ր	K	Թ	Կ	Ծ	O	Ն	Վ
Ո	Ւ	Ղ	Ղ	Ա	Թ	Ի	Ռ	Ա	Տ	Ե	Զ	Ա	Փ
Շ	Ե	Թ	Չ	Ն	O	P	Ֆ	Ն	Ո	Հ	Ց	Տ	L
Ա	Ւ	Մ	Ը	Ե	Զ	K	Դ	Ք	Ր	E	Ե	L	Է
Չ	E	O	Ս	Ո	Ւ	Զ	Ա	Ն	Ա	Վ	Հ	Շ	Ս
Ա	Կ	L	Ջ	Ե	Փ	Ա	Ջ	Ի	Հ	Ր	Թ	Ի	Ռ
Բ	Ե	Ռ	Ն	Ա	Տ	Ա	Ր	Է	Ի	Տ	Ա	Ջ	Զ

ԻՆՔՆԱԹԻՌ
ՄԵՔԵՆԱ
ԱՎՏՈԲՈՒՍ
ՆԱՎԱԿ
ՀԵԾԱՆԻՎ
ԲԵՌՆԱՏԱՐ
ՔԱՐԱՎԱՆ
ՈՒՂՂԱԹԻՌ
ՎԱՆ
ՄԵՏՐՈ
ՇԱՐԺԻՉ
ՏԻՐԵՍ
ՀՐԹԻՌ
ՍԿՈՒՏԵՐ
ՍՈՒԶԱՆԱՎ
ՏԱՔՍԻ
ԼԱՍՏԱՆԱՎ
ՏՐԱԿՏՈՐ
ԳՆԱՑՔ

77 - Emozioni

Խ	Ա	Ղ	Ա	Ղ	Ո	Ւ	Թ	Յ	Ո	Ւ	Ն	Ս	Օ
Օ	Լ	Ի	Ք	Ն	Ք	Շ	Ո	Ւ	Թ	Յ	Ո	Ւ	Ն
Շ	Գ	H	Յ	E	Խ	Ա	Ն	Ա	Կ	Ն	Կ	Ա	Լ
Հ	Ն	Ն	Ւ	Ո	Յ	Թ	Ւ	Ո	Խ	Ա	Ր	Ւ	Ո
Բ	Ա	Ո	Ո	Բ	Ա	Վ	Ա	Ր	Ա	Ր	Վ	Ա	Ծ
Ա	Ղ	Մ	Ր	Ւ	Կ	E	Ւ	Ջ	Վ	Ռ	Ջ	Ծ	Ո
Ր	Ե	Ս	Ա	Հ	Թ	Յ	Ւ	Ո	Ր	Ձ	Ն	Ա	Ձ
Ո	E	Ր	P	Կ	Ա	Յ	Ի	Չ	Ց	Հ	Տ	Վ	Պ
Ւ	Ը	Տ	Յ	Ւ	Ր	Կ	Ո	Զ	Ձ	Ա	Ւ	Զ	Տ
Թ	Յ	Զ	K	Ճ	Ե	Ա	Ա	Ւ	Խ	Ն	Ձ	Ւ	Յ
Յ	Կ	Ֆ	Ա	Պ	Ն	P	Ն	Լ	Ն	Գ	Լ	Ո	P
Ո	Ռ	Զ	K	Ք	Գ	Չ	A	Ք	Ֆ	Ի	Ձ	Հ	Ւ
Ւ	Զ	Ա	Յ	Ր	Ո	Ւ	Յ	Թ	Ջ	Ս	Ը	Գ	K
Ն	Ն	Ւ	Ո	Յ	Թ	Ւ	Ո	Ր	Խ	Տ	Ֆ	Ր	Յ

ՍԵՐ
ՀԱՆԳԻՍՏ
ՀՈՒԶՎԱԾ
ԲԱՐՈՒԹՅՈՒՆ
ՈՒՐԱԽՈՒԹՅՈՒՆ
ՇՆՈՐՀԱԿԱԼ
ՁԱՆՁՐՈՒՅԹ
ԽԱՂԱՂՈՒԹՅՈՒՆ
ՎԱԽ
ԶԱՅՐՈՒՅԹ
ՕԳՆՈՒԹՅՈՒՆ
ՀԱՄԱԿՐԱՆՔ
ԲԱՎԱՐԱՐՎԱԾ
ԱՆԱԿՆԿԱԼ
ՔՆՔՇՈՒԹՅՈՒՆ
ՏԽՐՈՒԹՅՈՒՆ

78 - Natura

Ա	Է	Ի	Մ	Ղ	Ւ	Ո	Խ	Ա	Ռ	Ա	Մ	Թ	Գ
Կ	Ր	Ր	E	Ս	Հ	Ձ	Ե	E	Հ	Հ	Ե	Ծ	Ե
Ի	Ե	Ե	Ո	Ե	Ա	Փ	Ը	Շ	Չ	Ջ	Ղ	Հ	Ղ
Տ	Ն	Ը	Ւ	Զ	Ժ	Ն	Ձ	Խ	Ո	Շ	Ո	K	Ե
Կ	Ի	Խ	Զ	Ա	Ի	Կ	Ա	Լ	A	Ռ	Ւ	Ը	Ց
Ր	Ն	Լ	Ր	Ճ	Դ	Ա	Օ	Պ	Ռ	Ա	Ն	Վ	Կ
Ա	Ա	Տ	Շ	Ա	Դ	Ա	Ց	Ռ	Ա	Ս	Ե	Ա	Ո
Դ	Դ	Ս	A	Պ	Ց	Ճ	Ր	Լ	Տ	Տ	Ր	Յ	Ւ
Ի	Ն	Ի	Վ	Ե	Օ	Ո	Վ	Ձ	Ն	Ե	Տ	Ր	Թ
Ն	Ե	Գ	Ս	Ա	Ղ	Ա	Ր	Թ	Ա	Գ	Վ	Ի	Յ
Ա	Կ	Ն	Ա	Մ	Պ	Ե	Ր	Ը	Ձ	Յ	Ւ	Է	Ո
Մ	Է	Ա	Կ	Ե	Ն	Ս	Ա	Կ	Ա	Ն	Ի	Փ	Ւ
Ի	Ժ	Հ	Ե	Զ	Ղ	Լ	Ե	Ռ	Ն	Ե	Ր	Ն	Ն
Կ	Փ	Ռ	Փ	Պ	Ձ	Ց	Լ	Ճ	Ջ	K	Ս	Ս	K

ԿԵՆԴԱՆԻՆԵՐ
ՄԵՂՈՒՆԵՐ
ԱՐԿՏԻԿԱ
ԳԵՂԵՑԿՈՒԹՅՈՒՆ
ԱՆԱՊԱՏ
ԴԻՆԱՄԻԿ
ԷՐՈԶԻԱ
ԳԵՏ
ՍԱՂԱՐԹ
ԱՆՏԱՌ
ՍԱՌՑԱԴԱՇՏ
ԼԵՌՆԵՐ
ՄԱՌԱԽՈՒՂ
ԱՄՊԵՐ
ՎԱՅՐԻ
ՀԱՆԳԻՍՏ
ԱՐԵՒԱԴԱՐՁԱՅԻՆ
ԿԵՆՍԱԿԱՆ

79 - Balletto

Շ	Ռ	Ը	Է	Շ	Ր	Վ	Ք	Խ	Ֆ	A	Խ	Ե	Գ
Ձ	Ց	Ր	Պ	Ք	Ե	K	Ր	Հ	Ժ	Ճ	Ո	Ր	Ե
Ո	Տ	Փ	Ր	Ե	Ն	Ղ	Ո	Ր	Ա	Պ	Ր	Ա	Ղ
Լ	Ս	Ա	Ր	Ա	Ն	Ռ	Տ	Բ	Բ	Ի	Ե	Ժ	Ա
Ո	Լ	Ե	Բ	Պ	Ա	Տ	Ի	Ղ	Գ	Հ	Ո	Շ	Ր
Ս	Ռ	O	Ք	Ը	Կ	Ե	Չ	Թ	Ծ	Մ	Գ	Տ	Վ
K	Պ	Գ	Լ	Յ	Մ	Խ	Ո	Ր	Մ	Տ	Ր	Ո	Ե
Ժ	Թ	Ր	H	Ջ	Յ	Ն	Պ	Ժ	Վ	Ո	Ա	Ւ	Ս
Ձ	Ե	Պ	Ա	Տ	Չ	Ի	Մ	Ո	Ռ	Ւ	Ֆ	Թ	Տ
Լ	H	Ս	Չ	Կ	Դ	Կ	Ո	Ճ	Փ	Թ	Ի	Յ	Ա
Լ	Ո	Յ	Տ	Ա	Տ	Ա	Կ	Ւ	Ո	Յ	Ա	Ո	Կ
Դ	Յ	E	Ռ	Ա	Ճ	Ի	Ո	Լ	Ր	Ո	Հ	Ւ	Ա
Չ	K	Ժ	Ճ	Լ	Ա	A	Կ	Փ	Ձ	Ւ	Խ	Ն	Ն
Բ	Ա	Լ	Ե	Ր	Ի	Ն	Ա	Ա	Ը	Ն	Վ	Ռ	Վ

ՀՄՏՈՒԹՅՈՒՆ
ԳԵՂԱՐՎԵՍՏԱԿԱՆ
ՍՈԼՈ
ԲԱԼԵՐԻՆԱ
ՊԱՐՈՂՆԵՐ
ԿՈՄՊՈԶԻՏՈՐ
ԽՈՐԵՈԳՐԱՖԻԱ
ԺԵՍՏ
ՄԿԱՆՆԵՐ
ԵՐԱԺՇՏՈՒԹՅՈՒՆ
ՊՐԱԿՏԻԿԱ
ՓՈՐՁ
ԼՍԱՐԱՆ
ՌԻԹՄ
ՈՃ
ՏԵԽՆԻԿԱ

80 - Paesi #1

Գ	Լ	Լ	Խ	Ը	Հ	Ռ	Տ	Բ	Ղ	Ե	Լ	Պ	Մ
Բ	Ե	Ք	A	Ն	Թ	Պ	Ո	Վ	P	O	Ի	Ա	Ա
Ր	Յ	Ր	Գ	Յ	Հ	Ա	Ր	Ւ	A	Ձ	Բ	Ն	Ր
Ա	Ա	Ն	Մ	Ծ	E	Լ	Շ	O	Մ	Խ	Ի	Ա	Ո
Զ	Ր	Ի	Ը	Ա	Հ	Ֆ	Զ	Ք	Բ	Ի	Ա	Մ	Կ
Ի	Ս	Ձ	E	Ֆ	Ն	Կ	Ա	E	Ն	Լ	Ն	Ա	Կ
Լ	Ի	Տ	Շ	E	Ի	Ի	Հ	Թ	Ք	Ա	Ր	Ի	Ո
Ի	Ը	Լ	Ե	Է	Ֆ	Ն	Ա	Գ	K	Մ	Ճ	Գ	Ա
Ա	Ջ	Ո	Բ	Մ	Ա	Կ	Լ	Ա	Գ	Ե	Ն	Ե	Ս
Գ	Տ	Վ	Պ	Ն	Ա	Տ	Ս	Ա	Հ	Ե	Լ	Վ	Ե
Ի	Ս	Պ	Ա	Ն	Ի	Ա	Շ	Կ	Ն	Ե	Դ	Ր	Ճ
Կ	Ա	Ն	Ա	Դ	Ա	Ջ	Ռ	Ը	Մ	Դ	Ե	Ո	Լ
Վ	Ե	Ն	Ե	Ս	Ո	Ւ	Ե	Լ	Ա	Ա	Ի	Ն	Ծ
Ե	Գ	Ի	Պ	Տ	Ո	Ս	E	Ր	Է	Ո	Փ	Ա	Ւ

ԲՐԱԶԻԼԻԱ
ԿԱՄԲՈՋԱ
ԿԱՆԱԴԱ
ԵԳԻՊՏՈՍ
ՖԻՆԼԱՆԴԻԱ
ԳԵՐՄԱՆԻԱ
ԻՐԱՔ
ԻՍՐԱՅԵԼ
ԼԻԲԻԱ

ՄԱԼԻ
ՄԱՐՈԿԿՈ
ՆՈՐՎԵԳԻԱ
ՊԱՆԱՄԱ
ԼԵՀԱՍՏԱՆ
ՌՈՒՄԻՆԻԱ
ՍԵՆԵԳԱԼ
ԻՍՊԱՆԻԱ
ՎԵՆԵՍՈՒԵԼԱ

81 - Geometria

Ք	Ց	Լ	Ի	Կ	Օ	Թ	Չ	Բ	Ժ	Ղ	Է	Ե	Ժ
Ռ	Ա	Յ	Տ	Տ	Ը	Ի	Ղ	Գ	Ժ	Ք	Ը	Ռ	Ս
Ե	Ը	Ռ	Ղ	Ր	Փ	Վ	Կ	Ր	Ա	Վ	Ճ	Ա	Հ
Հ	Ը	Ճ	Ա	Ք	Ա	Օ	A	Ն	Հ	Մ	Տ	Ն	Չ
Ա	Ո	Յ	Գ	Կ	Չ	Մ	Ց	Մ	Ր	Ի	Ե	Կ	Պ
Գ	P	Ր	Ը	Ս	Ո	Պ	Ա	A	Ծ	Ջ	Ս	Յ	Կ
Ւ	Լ	H	Ի	P	Վ	Ւ	Տ	Գ	Ւ	Ի	Ո	Ո	Հ
Ո	Լ	Ա	Փ	Զ	Ւ	A	Ս	Փ	Ի	Ն	Ւ	Ւ	Ա
Ձ	Ջ	Գ	A	Ը	Ո	Չ	Թ	Ի	Մ	Ծ	Թ	Ն	Տ
Ծ	Ն	Ւ	Ո	Յ	Կ	Ն	Ա	Ճ	Ս	Բ	Յ	Ի	Վ
Թ	Մ	Ւ	Ո	Ր	Ա	Ս	Ա	Վ	Ա	Հ	Ո	Յ	Ա
Ս	Ի	Մ	Ե	Տ	Ր	Ի	Ա	Կ	H	Տ	Ւ	Ա	Ծ
Կ	Ո	Ր	K	Ն	Չ	K	Դ	Ճ	Ա	Ժ	Ն	Չ	Լ
Ո	Ւ	Ղ	Ղ	Ա	Հ	Ա	Յ	Ա	Ց	Ն	Դ	Ը	Գ

ԱՆԿՅՈՒՆ
ՀԱՃՎԱՐԿ
ՑԼԻԿ
ԿՈՐ
ՏՐԱՄԱԳԻԾ
ՉԱՓԸ
ՀԱՎԱՍԱՐՈՒՄ
ՔԱՃԸ
ՄԻՋԻՆ
ԹԻՎ
ՀՈՐԻԶՈՆԱԿԱՆ
ԶՈՒԳԱՀԵՌ
ՔԱՌԱԿՈՒՍԻ
ՀԱՏՎԱԾ
ՍԻՄԵՏՐԻԱ
ՏԵՍՈՒԹՅՈՒՆ
ԵՌԱՆԿՅՈՒՆԻ
ՈՒՂՂԱՀԱՅԱՑ

82 - Foresta Pluviale

Բ	Ջ	Յ	K	Բ	Ր	Ա	Մ	Ի	Լ	Կ	Ր	Լ	Փ
Ջ	Ո	Ռ	Յ	Ն	Ս	Մ	Ա	Պ	Ա	Ս	Տ	Ա	Ն
Ո	Վ	Ւ	Խ	Ի	Թ	Պ	Ս	K	Փ	K	Պ	Կ	Ւ
Ւ	Ե	Ո	Ս	Կ	Ֆ	Ե	Ը	Ճ	Ժ	Ղ	Ա	Ա	Ո
Ն	Ո	Մ	Վ	Ա	Ն	Ր	Տ	Ի	Ց	Ջ	Հ	Թ	Յ
Գ	Ս	Ա	Ր	Ե	Ն	Տ	Ա	Ջ	Ի	Մ	Պ	Ն	Թ
Լ	Թ	Մ	Է	Դ	Ր	Ի	Ց	Ո	Ղ	A	Ա	Ա	Ւ
Ի	Փ	E	H	Ք	Ո	Ռ	Կ	Ֆ	Ք	Պ	Ն	Ս	Ո
Հ	Ա	Մ	Ա	Յ	Ն	Ք	Ո	Ա	Պ	Կ	Ո	Ո	Ն
Ա	Ր	Ժ	Ե	Ք	Ա	Վ	Ո	Ր	Կ	Ջ	Ւ	Ւ	Բ
Գ	Ո	Յ	Ա	Տ	Ե	Ւ	Ո	Ւ	Մ	Ա	Մ	Ն	Մ
Տ	Ե	Ս	Ա	Կ	Ն	Ե	Ր	Ր	K	Ք	Ն	Ն	Մ
Ե	Ճ	Մ	Ւ	Ո	Ն	Գ	Ն	Ա	Կ	Ա	Ր	Ե	Վ
Հ	Ա	Ր	Գ	Ա	Ն	Ք	H	Ք	Ա	Յ	Ս	Ր	Գ

ԲՈՒՍԱՆԻԿԱԿԱՆ
ԿԼԻՄԱ
ՀԱՄԱՅՆՔ
ՋՈՒՆԳԼԻ
ԲՆԻԿ
ՄԻՋԱՏՆԵՐ
ԿԱԹՆԱՍՈՒՆՆԵՐ
ՄԱՄՈՒՌ
ԲՆՈՒԹՅՈՒՆ
ԱՄՊԵՐ
ՊԱՀՊԱՆՈՒՄ
ԱՐԺԵՔԱՎՈՐ
ՎԵՐԱԿԱՆԳՆՈՒՄ
ԱՊԱՍՏԱՆ
ՀԱՐԳԱՆՔ
ԳՈՅԱՏԵՒՈՒՄ
ՏԵՍԱԿՆԵՐ

83 - Edifici

Ս	Ո	Ւ	Պ	Ե	Ր	Մ	Ա	Ր	Կ	Ե	Տ	Ւ	Գ
Ա	Ս	Տ	Ղ	Ա	Դ	Ի	Տ	Ա	Ր	Ա	Ն	Ր	Խ
Թ	Ա	Ն	Գ	Ա	Ր	Ա	Ն	Խ	E	Ց	Ճ	Ա	Գ
Հ	Յ	Ո	Ւ	Ր	Ա	Ն	Ո	Ց	Ի	Ո	Ժ	Ւ	Պ
Գ	Ւ	Պ	Ո	Ր	Ի	Ը	O	Հ	A	Ն	Ծ	Ն	L
Ո	Մ	Հ	Ա	Ն	Ր	Ա	Կ	Ա	Ց	Ա	Ր	Ա	Ն
Ր	Ա	P	Վ	Ծ	Ի	Ծ	Զ	Ա	Ո	Դ	Թ	Ը	Մ
Ծ	Ր	Ո	Հ	Ր	Չ	Կ	O	Տ	Ր	Ն	Ը	Ջ	Է
Ա	Ջ	Հ	Ը	Փ	Ա	Ղ	Դ	Ն	Պ	Ա	Տ	Պ	Ղ
Ր	Ա	Բ	Ի	L	Հ	Ն	Ւ	Ա	Դ	Վ	Տ	Ր	Գ
Ա	Դ	Ա	Մ	Ր	Ո	Ց	Տ	Կ	Բ	Ի	Գ	Շ	Փ
Ն	Ա	Ր	Ա	Կ	Ա	Ն	Բ	Ո	Ղ	Հ	Ը	Ս	Ա
K	Շ	Թ	Ա	Տ	Ր	Ո	Ն	Ւ	Թ	Ր	Ղ	Գ	Ձ
Ֆ	Տ	O	Շ	A	Կ	L	Ե	Մ	Ա	Գ	Ի	Ղ	Պ

ԲՆԱԿԱՐԱՆ
ՏՆԱԿՈՒՄ
ԱՄՐՈՑ
ԿԻՆՈ
ԳՈՐԾԱՐԱՆ
ԳԱՄ
ՀՅՈՒՐԱՆՈՑ
ԹԱՆԳԱՐԱՆ
ՀԻՎԱՆԴԱՆՈՑ
ԱՍՏՂԱԴԻՏԱՐԱՆ
ՀԱՆՐԱԿԱՑԱՐԱՆ
ԴՊՐՈՑ
ՄԱՐԶԱԴԱՇՏ
ՍՈՒՊԵՐՄԱՐԿԵՏ
ԹԱՏՐՈՆ
ՎՐԱՆ
ԱՇՏԱՐԱԿ

84 - Paesi #2

Ե	Թ	Ո	Վ	Պ	Ի	Ա	K	Ժ	Ի	O	Ճ	Գ	Ֆ
Ը	A	Ջ	Ղ	Ա	Ն	Ա	Տ	Ս	Ի	Կ	Ա	Պ	Հ
Ո	Ւ	Կ	Ր	Ա	Ի	Ն	Ա	Ժ	P	Ե	Պ	Կ	Պ
Ե	Ժ	Ա	Ո	Ւ	Գ	Ա	Ն	Դ	Ա	Ծ	Ո	Մ	Է
Ե	Ֆ	Լ	Ռ	Խ	Վ	K	Լ	Ա	Պ	Ե	Ն	Ա	Խ
Ղ	Ն	Բ	Ա	Ի	Դ	Ն	Ա	Լ	Ռ	Ի	Ի	Ո	Ռ
Լ	Ի	Ա	E	Ձ	Ն	Խ	Ո	Զ	Յ	Ւ	Ա	Ւ	Ո
Ի	Գ	Ն	Ճ	Ն	Ա	Տ	Ս	Ա	Ն	Ւ	Ո	Հ	Ւ
Բ	Ե	Ի	Բ	Ջ	Դ	Մ	Հ	Ս	Ի	Ր	Ի	Ա	Ս
Ե	Ր	Ա	Չ	Ռ	Ւ	E	Ա	Ա	Պ	Բ	Հ	Ի	Ա
Ր	Ի	K	Գ	Ն	Ո	Ց	Թ	Յ	Ի	Ճ	Ֆ	Ւ	Ս
Ի	Ա	Մ	Ե	Ք	Ս	Ի	Կ	Ա	Կ	Թ	Ց	Չ	Տ
Ա	Ի	Ն	Դ	Ո	Ն	Ե	Զ	Ի	Ա	Ա	Ի	Ե	Ա
Լ	Խ	Ճ	Ռ	Կ	Գ	Դ	Ա	Ն	Ի	Ա	Ց	Ս	Ն

ԱԼԲԱՆԻԱ
ԴԱՆԻԱ
ԵԹՈՎՊԻԱ
ՋԱՄԱՅԿԱ
ՃԱՊՈՆԻԱ
ՀՈՒՆԱՍՏԱՆ
ՀԱԻԹԻ
ԻՆԴՈՆԵԶԻԱ
ԻՌԼԱՆԴԻԱ
ԼԱՈՍ
ԼԻԲԵՐԻԱ
ՄԵՔՍԻԿԱ
ՆԵՊԱԼ
ՆԻԳԵՐԻԱ
ՊԱԿԻՍՏԱՆ
ՌՈՒՍԱՍՏԱՆ
ՍԻՐԻԱ
ՍՈՒԴԱՆ
ՈՒԿՐԱԻՆԱ
ՈՒԳԱՆԴԱ

85 - Tipi di Capelli

Շ	Ս	Մ	E	Ւ	Փ	O	H	Չ	Ճ	P	Ձ	Ը	Ճ
Ի	Ա	Պ	Ը	H	Չ	O	Զ	Պ	Ի	Ճ	Ի	Ո	Ա
Ղ	Շ	Գ	Ի	Ե	Ր	Կ	Ա	Ր	P	Ջ	Ո	Ջ	Ղ
Ֆ	Ի	O	Ա	Տ	Ս	Ե	Ւ	Ջ	Գ	Ղ	H	Մ	Ա
Չ	Կ	Դ	Պ	Ն	Ա	Գ	Փ	Ա	Փ	Ո	Ւ	Կ	Տ
Ո	Ա	Ն	Ճ	Ր	Ա	Կ	Ո	Ր	Ծ	Ռ	Խ	Թ	Ս
Ր	Հ	Ս	Զ	Ո	Ը	Կ	Ն	Ւ	Թ	Ա	Ծ	Ր	Ա
Փ	Ե	Խ	Բ	Ր	Ծ	Ը	Ա	Ո	Ն	Ծ	Ն	Ա	Հ
Ա	Ր	Ր	Ե	Ն	Ր	Ւ	Ո	Գ	Ն	Ա	Գ	Հ	Չ
Յ	Ր	Վ	Ճ	Յ	Է	Ե	Վ	Ն	Ո	Ս	Վ	Խ	Ն
Լ	O	Ր	Յ	Զ	Ժ	P	Ղ	Ա	Յ	Ւ	Զ	Ո	Ծ
Ո	Բ	Ա	Ր	Ա	Կ	Ժ	Ը	Գ	Հ	Ո	Յ	Ս	Ր
Ւ	Բ	Կ	Ւ	Յ	Դ	Ժ	K	P	Վ	Յ	Ճ	Ն	Վ
Ն	Յ	Ւ	Ո	Գ	Ա	Ր	Խ	Ո	Մ	Հ	Ֆ	Ֆ	Ի

ԱՐԾԱԹ
ՉՈՐ
ՍՊԻՏԱԿ
ՇԻԿԱՀԵՐ
ԿԱՐՃ
ՃԱՂԱՏ
ԳՈՒՆԱՎՈՐ
ՄՈԽՐԱԳՈՒՅՆ
ՀՅՈՒՍԱԾ
ՀԱՐԹ

ՓԱՅԼՈՒՆ
ԵՐԿԱՐ
ՇԱԳԱՆԱԿԱԳՈՒՅՆ
ՓԱՓՈՒԿ
ՍԵՒ
ԳԱՆԳՈՒՐ
ԳԱՆԳՈՒՐՆԵՐ
ԱՌՈՂՋ
ԲԱՐԱԿ
ՀԱՍՏ

86 - Vestiti

E	Ւ	Ճ	Ւ	Շ	Յ	Վ	Ե	Ձ	Ֆ	Է	Մ	Բ	Փ
Է	Ծ	Ք	Ո	Ա	Ն	Ե	Ր	Ե	Տ	Ի	Վ	Ս	Ն
Ա	Ծ	Ի	Տ	Ր	Ջ	Ր	Կ	Ռ	Վ	Զ	Ն	Ո	Ց
Ջ	Ի	Ն	Ս	Ֆ	Կ	Ա	Բ	Ն	Ո	Կ	Ճ	Ա	Բ
Գ	Ւ	Ռ	Ե	Ս	A	Ր	Ի	Ա	Մ	Ա	Ժ	Ի	Պ
Տ	Ո	Ճ	Գ	Ր	Ե	Կ	A	Ց	Ք	Է	Շ	Մ	Չ
Կ	Ա	Գ	Զ	Բ	Ւ	Ո	Ա	Ո	Շ	Ջ	Ա	Մ	Բ
Ր	Ո	Բ	Ն	Ջ	Թ	Ւ	Ճ	Ղ	Ղ	Լ	Յ	Պ	Ւ
Ա	Ճ	Շ	Ա	Ո	Ռ	Ժ	A	Ն	E	Ք	Զ	Բ	Ժ
Խ	Ձ	Ռ	Ի	Տ	Ց	Ճ	Ռ	Ե	Փ	Ձ	O	Լ	Է
Լ	Ջ	Լ	Լ	Կ	P	Ն	Դ	Ր	Ղ	Ծ	Յ	Ո	Պ
Գ	K	Ա	Ա	Պ	Ա	Ր	Ա	Ն	Ջ	Ա	Ն	Ւ	Փ
Մ	Ս	Ա	Ն	Դ	Ա	Լ	Ն	Ե	Ր	Ժ	Ր	Զ	Ե
Գ	Ո	Ւ	Լ	Պ	Ա	Ն	Ե	Ր	Գ	Ո	Տ	Ի	Շ

ԶԳԵՍՏ
ԱՊԱՐԱՆՋԱՆ
ԳՈՒԼՊԱՆԵՐ
ԲԼՈՒԶ
ԳԼԽԱՐԿ
ՎԵՐԱՐԿՈՒ
ԳՈՏԻ
ՎԶՆՈՑ
ԲԱՃԿՈՆ
ՓԵՇ
ԳՈԳՆՈՑ
ՁԵՌՆԱՑՈՂՆԵՐ
ՋԻՆՍ
ՍՎԻՏԵՐ
ՏԱԲԱՏ
ՊԻԺԱՄԱ
ՍԱՆԴԱԼՆԵՐ
ԿՈՇԻԿ
ՇԱՐՖ

87 - Arte

Կ	Ֆ	Ք	Ր	Ի	Լ	Ա	Մ	Ա	Հ	Կ	Ս	Է	Թ
Լ	Ա	Ռ	Ռ	Ճ	Զ	Ւ	Ո	Զ	Ց	Ե	Տ	Ք	Ց
K	Շ	Զ	Բ	Ը	Ձ	Ա	Ձ	Ն	Ա	Ր	Ե	Ս	Ե
Ս	Ծ	Տ	Մ	Ե	Ը	Լ	Ի	Ի	A	Ա	Ղ	Պ	Պ
Վ	Խ	E	Մ	Ը	Ը	Ծ	Խ	Վ	Ի	Մ	Ծ	Ր	Ա
Խ	Ո	Ր	Հ	Ր	Դ	Ա	Ն	Ի	Շ	Ի	Ե	Ե	Ր
Ա	Մ	Ե	Վ	Գ	Գ	Վ	Ա	H	Թ	Կ	Լ	Ս	Զ
Պ	Ռ	Ն	Բ	Ձ	Շ	Չ	Կ	Պ	Ք	Ա	Գ	Ի	Ն
Ճ	Ո	Ա	Ն	Ո	Է	Ն	Ա	Պ	Ա	Կ	Մ	Ո	Կ
Հ	Լ	Ե	Ր	Զ	Ս	Շ	Ն	Թ	Ն	Ա	Թ	Ն	Ա
Կ	Օ	Օ	Զ	Կ	Դ	Ե	Ձ	Ց	Դ	Ն	Հ	Հ	Ր
Է	Ի	Ա	Մ	Ի	Ա	Գ	Ն	H	Ա	Պ	Յ	Ա	Ն
Յ	P	Ռ	Ռ	Կ	Ա	Ո	Ա	Ւ	Կ	Մ	Կ	Ն	Ե
Օ	Ր	Ի	Գ	Ի	Ն	Ա	Լ	Պ	Յ	Փ	Ա	Ն	Ր

ԿԵՐԱՄԻԿԱԿԱՆ
ՀԱՄԱԼԻՐ
ԿԱԶՄԸ
ՍՏԵՂԾԵԼ
ՆԿԱՐՆԵՐ
ԷՔՍՊՐԵՍԻՈՆ
ՈԳԵՇՆՉՎԱԾ
ԱԶՆԻՎ
ՕՐԻԳԻՆԱԼ
ԱՆՁՆԱԿԱՆ
ՊՈԵԶԻԱ
ՔԱՆԴԱԿ
ՊԱՐԶ
ԽՈՐՀՐԴԱՆԻՇ
ԱՌԱՐԿԱ

88 - Meteo

Տ	Ո	Պ	Ր	Ո	Փ	Ւ	E	Փ	Շ	Խ	H	Մ	A
Ծ	Ա	Չ	Ղ	Ջ	Ո	Ն	Մ	Ո	Ա	Ճ	Տ	Թ	Չ
Ի	Ի	Ր	Պ	Ի	Թ	Շ	K	Ռ	Խ	Ց	Դ	Ն	Կ
Ա	Ֆ	K	Ա	Է	Ո	Պ	A	Շ	Տ	Պ	O	Ո	Խ
Ծ	Ռ	Բ	Փ	Փ	Ր	Ե	Ը	Ծ	Ա	Շ	Ժ	Լ	Մ
Ա	Դ	Ե	Ք	Ն	Ի	Կ	Ր	Ե	Ծ	Ե	Ա	Ո	Բ
Ն	Պ	Մ	Ա	Յ	Կ	Կ	Ա	Յ	Ծ	Ա	Կ	Ր	Ձ
Ը	Ն	Ա	Ճ	Ի	Տ	Ս	Ա	Մ	Ր	Ե	Ջ	Տ	Ե
Ղ	Ս	Ռ	Չ	Ո	Ր	Կ	Լ	Ի	Մ	Ա	Հ	Ջ	Փ
Յ	Կ	Ա	Բ	Ե	Ւ	Ե	Ռ	Ա	Յ	Ի	Ն	Տ	Յ
Չ	A	Խ	Մ	Ո	Ւ	Ս	Ո	Ն	Ք	Թ	Ռ	Ռ	Ո
Հ	Յ	Ո	Հ	Ա	Ն	Գ	Ի	Ս	Տ	Ծ	Չ	Ս	Ւ
Ե	Բ	Ւ	Ս	Ա	Ռ	Ո	Ւ	Յ	Ց	K	Ջ	Կ	Ռ
Ժ	Ե	Ղ	Ց	Փ	Ք	Ա	Մ	Ի	Ե	Ւ	Տ	Յ	Չ

ԾԻԱԾԱՆ
ՉՈՐ
ՄԹՆՈԼՈՐՏ
ՁԵՓՅՈՒՌ
ՀԱՆԳԻՍՏ
ԵՐԿԻՆՔ
ԿԼԻՄԱ
ԿԱՅԾԱԿ
ՍԱՌՈՒՅՑ
ՄՈՒՍՈՆ
ՄԱՌԱԽՈՒՂ
ԱՄՊ
ԲԵՒԵՌԱՅԻՆ
ԵՐԱՇՏ
ՋԵՐՄԱՍՏԻՃԱՆԸ
ՓՈԹՈՐԻԿ
ՏԱՐԱՓ
ՈՐՊՈՏ
ՔԱՄԻ

89 - Corpo Umano

Ա	Կ	Ա	Ն	Ջ	A	Ո	Գ	E	Է	Ո	Ճ	Հ	Ռ
Հ	Ձ	Ե	Ռ	Ք	H	Փ	L	Խ	Զ	P	P	Խ	Գ
Է	Ծ	P	Զ	Ղ	Զ	Զ	Ո	Ռ	Ւ	Տ	Ն	H	Պ
Կ	Ո	Ճ	Ք	Մ	Ե	Դ	Ւ	Յ	Կ	Ա	Շ	Ի	Ա
Ա	Ա	K	Չ	Ւ	Ո	Ղ	Խ	Ր	Ա	Մ	Հ	Դ	Ր
Ն	L	Թ	Ա	Խ	Ն	Ո	Ւ	Ս	Զ	Ը	Ձ	Հ	Ա
Կ	Զ	Խ	H	Ե	Ք	L	Դ	Ո	Կ	Ք	Ի	Թ	Ն
Յ	Ծ	Ն	Կ	Ի	Ս	Ք	Ո	Մ	Ա	Տ	Ս	Ժ	Ո
Ո	Խ	Ա	Ա	Ղ	Կ	Կ	Գ	Ղ	Ե	Ո	Ր	Կ	Ց
Ւ	Վ	Յ	Բ	Ր	K	Բ	Թ	Խ	Ձ	Ժ	O	Ի	Պ
Ն	Ս	Ր	Տ	Պ	Ե	Մ	L	Ք	Ճ	Չ	Գ	Կ	Ս
Ջ	L	Ա	Ձ	Չ	Ս	Բ	Հ	Զ	Տ	Ջ	Ֆ	Ո	O
Տ	Շ	K	Ջ	Շ	Զ	Թ	Կ	Ո	Ն	Մ	Ա	Ե	Ե
Ս	Թ	P	Ց	Ց	Տ	Ղ	Փ	Ղ	Ֆ	Ա	Կ	Մ	Ժ

ԲԵՐԱՆ
ԿՈՃ
ՈՒՂԵՂ
ՊԱՐԱՆՈՑ
ՍԻՐՏ
ՄԱՏ
ԴԵՄՔ
ՈՏՔԸ
ԾՆԿԻ
ԱՆԿՅՈՒՆ

ՁԵՌՔ
ԿԶԱԿ
ՔԻԹ
ԱՉՔ
ԱԿԱՆՋ
ԿԱՇԻ
ԱՐՅԱՆ
ՈՒՍ
ՍՏԱՄՈՔՍԻ
ԳԼՈՒԽ

90 - Mammiferi

Կ	Ի	Պ	Ա	Կ	E	Ո	Վ	Ո	Ջ	Ւ	Օ	Պ	Ջ
Շ	Ե	Յ	Թ	Ֆ	Կ	Ձ	Յ	Ց	Խ	Խ	Ծ	K	Գ
Փ	A	Ն	Վ	Ե	Ղ	Ի	Փ	E	Ռ	Լ	Դ	Շ	Ո
Ն	Ա	Ի	Գ	Կ	Ե	Տ	Տ	Մ	Ֆ	Ե	Ի	Ո	Ր
Ձ	Լ	Ֆ	Վ	Ո	Զ	Բ	A	Հ	P	Ղ	Թ	Ւ	Ի
Դ	Ֆ	Լ	Ա	Փ	Ւ	Ջ	Ք	K	Ց	Ջ	Կ	Ն	Լ
E	Յ	Ե	Յ	Ռ	A	Ր	Չ	Վ	Ո	Ե	Ր	Զ	Ա
Ն	Ր	Դ	Ւ	Դ	Յ	Ա	Ո	Կ	Ւ	Ր	Մ	Դ	Ր
Օ	Ա	Ղ	Վ	Ե	Ս	Ո	K	Ւ	Լ	Ո	Ձ	Տ	Բ
Ճ	Ա	Գ	Ա	Ր	Ժ	Ք	Ւ	Կ	Ս	Ւ	Ֆ	Է	Ե
Ո	Չ	Խ	Ա	Ր	Ե	Ը	A	Ծ	Ո	Զ	Բ	Տ	Զ
Ն	Ր	Ք	Վ	Ն	Ո	Յ	Տ	Ե	Ր	Յ	Ս	Է	Ե
Բ	Չ	Հ	Ծ	Ը	Ն	Ձ	Ո	Ւ	Ղ	Տ	Ո	Ք	Չ
Կ	Ա	Տ	Ո	Ւ	Ֆ	Գ	Ա	Յ	Լ	Օ	Տ	Տ	Շ

ԿԵՏ
ՇՈՒՆ
ԿԵՆԳՈՒՐՈՒ
ՁԻ
ԵՂՋԵՐՈՒ
ՃԱԳԱՐ
ԿՈՅՈՏ
ԴԵԼՖԻՆ
ՓԻՂ
ԿԱՏՈՒ
ԸՆՁՈՒՂՏ
ԳՈՐԻԼԱ
ԱՌՅՈՒԾ
ԳԱՅԼ
ԱՐՋ
ՈՉԽԱՐ
ԿԱՊԻԿ
ՑՈՒԼ
ԱՂՎԵՍ
ԶԵԲՐԱ

91 - Animali Domestici

E	Մ	P	E	Ճ	A	Ւ	Ռ	Ֆ	Ձ	Չ	Ջ	Ի	Ճ
Օ	Հ	Ի	Մ	H	Պ	Ց	Ճ	P	Ձ	E	Ս	Ի	Ա
Օ	Ժ	Ծ	P	Ր	Ե	Տ	Ս	Մ	Ա	Հ	Ժ	Մ	Ն
Կ	Ա	Յ	Ն	Ա	Մ	Ո	Շ	Ն	Խ	Կ	Դ	Ո	Ա
Ւ	Ր	Ա	Շ	Գ	Ձ	Կ	Ո	Է	Ո	Ձ	Ք	Ղ	Գ
Ո	Ւ	Ի	Ք	Ա	Ւ	Ա	Ւ	K	Չ	Ւ	A	Ե	Ր
Մ	Ո	Դ	Ա	Ճ	Պ	Լ	Ն	Ձ	Ս	Տ	Ն	Ս	Ե
Չ	Ջ	Թ	Ո	Ւ	Թ	Ա	Կ	Ո	H	Օ	P	Դ	Ր
Պ	Ո	Չ	Կ	Բ	Ղ	Է	Ռ	Ւ	Կ	Ո	Վ	Ֆ	Ը
Ի	Դ	Ք	Զ	Ա	Ծ	Ն	Փ	Կ	Շ	Ե	Գ	Դ	K
Ր	K	Ց	Մ	Մ	Տ	Է	Ո	Ո	K	Լ	Գ	H	Շ
K	Ւ	Փ	Ջ	Ջ	Ջ	Ո	Լ	Ռ	Շ	Ն	Ր	E	Ի
Ջ	Խ	Ր	Մ	Վ	Հ	Օ	Ւ	Ռ	Փ	P	Կ	Ս	Թ
Ա	Ն	Ա	Ս	Ն	Ա	Բ	Ո	Ւ	Յ	Ժ	Գ	Բ	Բ

ՋՈՒՐ
ՃԱՆԱԳՐԵՐ
ՇՈՒՆ
ԱՅԾԻ
ՍՆՈՒՆԴ
ՊՈՉ
ՄԱՆՅԱԿ
ՃԱԳԱՐ
ՀԱՄՍՏԵՐ

ԼԱԿՈՏ
ԿԱՏՈՒ
ՄՈՂԵՍ
ԿՈՎ
ԹՈՒԹԱԿ
ՁՈՒԿ
ԿՐԻԱ
ՄՈՒԿ
ԱՆԱՍՆԱԲՈՒՅԺ

92 - Cucina

Ա	Շ	Օ	Ջ	Շ	Ե	Ր	Ե	Փ	Ո	Գ	Ք	Չ	Կ
Վ	Հ	Թ	Ե	Ք	Թ	Ն	Ն	Կ	Լ	Ւ	Ս	Տ	Ո
Չ	Փ	Կ	Ռ	Ե	Ֆ	Ա	A	Ջ	Ե	Ձ	Տ	Կ	Ւ
Ը	Ս	Մ	Ո	Տ	Ա	Ր	Դ	Ա	Ղ	Ա	Բ	Ե	Ժ
Չ	Ց	Ջ	Ց	Ճ	Գ	Ա	Փ	Ֆ	Ռ	Ո	Փ	Ս	Լ
Ո	Ո	Ձ	Գ	Ց	Ո	Ն	Գ	Ո	Գ	H	Պ	Ն	Գ
Պ	Ջ	Պ	Բ	Օ	Ւ	Ռ	Ս	Մ	Յ	Կ	Մ	Ո	Ր
Լ	H	Է	Ս	H	Ն	Ա	Վ	Պ	Օ	Ղ	Ծ	Ւ	Ի
Մ	Պ	Բ	Վ	Տ	Դ	Ս	Հ	A	Ո	Զ	Ֆ	Ն	Լ
Բ	Ա	Ժ	Ա	Կ	Ի	Մ	K	Խ	Ծ	Ւ	Տ	Դ	Ղ
Թ	Ե	Յ	Ն	Ի	Կ	Կ	Ք	Տ	Ց	Զ	Ն	Փ	Ի
Գ	Դ	Ա	Լ	Ն	Ե	Ր	Ն	Ո	Ծ	Ղ	H	Գ	Զ
Ր	Ե	Ն	Ք	Ն	Ւ	Ո	Մ	Ե	Մ	Ա	Հ	P	Ւ
Դ	Ա	Ն	Ա	Կ	Ն	Ե	Ր	Փ	Ր	Օ	A	Զ	Օ

ՉՈՊՍՏԻԿՆԵՐ
ԹԵՅՆԻԿ
ԿՈՒԺ
ՍՆՈՒՆԴ
ԳՈՒՆԴ
ԴԱՆԱԿՆԵՐ
ԳԴԱԼՆԵՐ
ՋԵՌՈՑ
ՍԱՌՆԱՐԱՆ
ԳՈԳՆՈՑ
ԳՐԻԼ
ՈՒՏԵԼ
ՇԵՐԵՓ
ԲԱՂԱԴՐԱՏՈՄՍԸ
ՀԱՄԵՄՈՒՆՔՆԵՐ
ՍՊՈՒՆԳ
ԲԱԺԱԿ

93 - Giardinaggio

Ն	Տ	Ս	Ո	Տ	Ն	Յ	Ո	Լ	Ս	Թ	Պ	Ի	Պ
Ֆ	Ե	Ե	Ւ	Ր	Ե	Ն	Ա	Պ	Լ	Ւ	Ո	Գ	Ա
Փ	Ր	Ր	Տ	Ս	A	Ս	Ք	Ը	Ա	Է	Վ	Յ	Ր
Կ	Ե	Մ	Ե	Ա	Ա	Ւ	Ա	Մ	Ի	Լ	Կ	Ա	Ա
Ռ	Ւ	Ե	Լ	Ո	Կ	Ղ	Ձ	Կ	Գ	Յ	Զ	Ւ	Ր
Ի	K	Ր	Ի	Ժ	Խ	Ն	Ա	Ի	Ն	Թ	A	Ո	Տ
Կ	Ե	Ղ	Տ	Ծ	Գ	Ի	Հ	Ր	E	Ե	Մ	Տ	Ո
Ւ	Գ	Ո	Կ	Չ	Հ	Յ	Թ	Ո	Թ	Յ	Ր	Ա	Ւ
Ջ	A	Հ	Ի	Ց	Վ	Ա	Ո	Ջ	Ո	Ւ	Ր	Ղ	Թ
Կ	Ո	Ն	Տ	Ե	Յ	Ն	Ե	Ր	Ն	Մ	Վ	Տ	Յ
Ւ	Պ	Ի	Ո	Ժ	Հ	Ո	Թ	Ժ	Ծ	Ւ	Ո	Պ	Ո
Կ	Չ	Ճ	Ձ	Լ	Ձ	Ձ	Ռ	Զ	Յ	Տ	Ո	Վ	Ւ
P	Ն	Ծ	Կ	Ւ	Բ	Ե	Ն	Ֆ	Ժ	Տ	Ը	Փ	Ն
Ց	Ք	Ջ	Է	Թ	Ր	Ս	Ր	Ղ	Ֆ	Յ	Գ	Ժ	Ղ

ՋՈՒՐ
ԿԼԻՄԱ
ՈՒՏԵԼԻ
ՊԱՐԱՐՏՈՒԹՅՈՒՆ
ԿՈՆՏԵՅՆԵՐ
ԷԿԶՈՏԻԿ
ՏԵՐԵՒ
ՍԱՂԱՐԹ
ՊՏՂԱՏՈՒ ԱՅԳԻ
ՓՈՒՆՋ
ՍԵՐՄԵՐ
ՏԵՍԱԿՆԵՐ
ԿԵՂՏ
ՍԵԶՈՆԱՅԻՆ
ՀՈՂ
ԳՈՒԼՊԱՆԵՐ

94 - Universo

Ո	Լ	Զ	Ծ	K	Ձ	Ռ	Ը	Լ	Փ	Խ	Մ	Լ	Ւ
K	Ւ	Ց	Ն	Ա	Լ	Ե	Ռ	Փ	Կ	Ա	Թ	Ա	Ց
Ի	Ր	Ղ	Ե	Ր	Կ	Ի	Ն	Ք	Ա	Վ	Ն	Յ	Պ
Լ	Չ	H	Ե	Ք	Ճ	Ա	Խ	Ծ	Չ	Ա	Ո	Ն	Հ
Ե	Դ	Ց	A	Ծ	Ա	Չ	Ր	Յ	Ն	Ր	Լ	Ո	Գ
Ն	Ն	Վ	Ճ	P	Ի	Լ	H	Ա	Ի	Ը	Ո	Ւ	Ա
Ա	Ւ	Ն	Ո	Զ	Ի	Ր	Ո	Հ	Ս	Ն	Ր	Թ	Լ
Ս	Ո	Լ	Ս	Տ	Ի	Ց	Ե	Կ	Ւ	Ա	Տ	Յ	Ա
Ե	Գ	Ւ	Ր	Կ	Գ	Ժ	Ռ	Հ	Ո	Կ	Հ	Ո	Ք
Տ	Ա	Ժ	Ց	Ջ	Ս	Ա	Ղ	P	Լ	Ջ	Վ	Ւ	Ս
Ա	Ս	Հ	Ե	Ռ	Ա	Դ	Ի	Տ	Ա	Կ	Ա	Ն	Ի
Ձ	Ի	Ե	Ր	Կ	Ն	Ա	Յ	Ի	Ն	H	Ը	Ձ	Ա
P	Կ	Ա	Ս	Տ	Ե	Ր	Ո	Ի	Դ	Պ	Լ	Հ	K
Ա	Ս	Տ	Ղ	Ա	Գ	Ե	Տ	Ձ	A	Զ	Ֆ	H	A

ԱՍՏԵՐՈԻԴ
ԱՍՏՂԱԳԵՏ
ՄԹՆՈԼՈՐՏ
ԽԱՎԱՐԸ
ԵՐԿՆԱՅԻՆ
ԵՐԿԻՆՔ
ԿԻՍԱԳՈՒՆԴ
ՀԱՍԱՐԱԿԱԾ
ԳԱԼԱՔՍԻԱ
ԼԱՅՆՈՒԹՅՈՒՆ
ԼՈՒՍԻՆ
ՈՒՂԵՃԻՐ
ՀՈՐԻԶՈՆ
ՍՈԼՍՏԻՑԵ
ՀԵՌԱԴԻՏԱԿ
ՏԵՍԱՆԵԼԻ

95 - Jazz

Ա	Լ	E	Ն	Հ	Հ	Չ	Ի	Ր	Ա	Կ	Ն	Ի	Հ
Ե	Լ	Դ	Օ	Ֆ	Ա	Ց	Բ	Ձ	Կ	Ո	Ւ	Ծ	Տ
Զ	Ձ	Ն	Խ	Ք	Մ	Ծ	Մ	P	Ի	Մ	Ո	Ն	Օ
Ե	Ժ	Ա	Ն	Ր	Ե	Ս	Ւ	H	Ն	Պ	Յ	Թ	Ն
Է	Ր	Ղ	E	Տ	Ր	Ճ	Ո	Տ	Խ	Ո	Թ	Ը	Ջ
Հ	Լ	Ա	K	Տ	Գ	Շ	Խ	Ք	Ե	Զ	Ւ	Ն	Ղ
Ե	Ա	Տ	Ժ	Գ	Ր	Ճ	Ա	Մ	Տ	Ի	Ո	Ր	Բ
Ք	H	Յ	Շ	Ի	Ե	Գ	Գ	Ո	P	Տ	Տ	Ժ	Ռ
Ր	Ա	H	Տ	Թ	Շ	Ծ	Ա	Բ	Ժ	Ո	Շ	Չ	Ժ
Գ	Դ	Ե	Ն	Ն	Ձ	Տ	Վ	Լ	Ա	Ր	Ժ	Փ	A
Թ	Ռ	Ի	Թ	Մ	Ի	E	Ն	Ա	Շ	Ն	Ա	Ջ	Է
Ն	Ո	Ր	Կ	Ա	Զ	Մ	Ը	Ե	Ղ	Ջ	Ր	Ի	Ե
A	P	Ղ	Ջ	Ռ	Կ	Ա	K	Է	Ր	Ո	Ե	Չ	Բ
Ա	Զ	Դ	Ե	Ց	Ո	Ւ	Թ	Յ	Ո	Ւ	Ն	Խ	Դ

ԱԼԲՈՄ
ՆԿԱՐԻՉ
ԵՐԳ
ԿՈՄՊՈԶԻՏՈՐ
ԿԱԶՄԸ
ՀԱՄԵՐԳ
ՀԱՅՏՆԻ
ԺԱՆՐ
ԱԶԴԵՑՈՒԹՅՈՒՆ
ԵՐԱԺՇՏՈՒԹՅՈՒՆ
ԵՐԱԺԻՇՏՆԵՐ
ՆՈՐ
ՆՎԱԳԱԽՈՒՄԲ
ԷՋԱՆՇԱՆ
ՌԻԹՄ
ՈՃ
ՏԱՂԱՆԴ
ՏԵԽՆԻԿԱ
ՀԻՆ

96 - Vacanze #2

Ո	A	Ռ	Տ	Ն	Շ	Հ	Վ	Փ	Շ	Օ	Փ	Ք	Ճ
H	Ն	Մ	Ա	Ա	Վ	Յ	Ր	Ջ	Բ	Դ	Ա	Ն	Ա
Ք	Ն	Ւ	Ք	Ր	Ճ	Ո	Ա	Ս	E	Ա	Ղ	Փ	Մ
Ճ	Ա	Ո	Ս	Ո	Ր	Ւ	Ն	Վ	Ո	Ն	Ո	Տ	Բ
Փ	Կ	Ր	Ի	Տ	Ե	Ր	H	Ղ	Ի	Ա	Լ	P	Ո
Շ	Ա	Դ	Տ	Ս	Ժ	Ա	Ա	Թ	Ց	Վ	Հ	Ե	Ր
Ճ	Ր	Ա	Գ	Ե	Թ	Ն	Ն	Դ	Ն	Ա	Ց	Է	Դ
K	Ա	Խ	Ն	Ռ	Զ	Ո	Ձ	Ց	Փ	Կ	Ա	P	Ո
Ա	Տ	Ո	Ա	P	Ժ	Ց	Ն	Պ	Թ	Ա	Ո	Ա	Ւ
Կ	Օ	Փ	Ց	H	Կ	Կ	Ա	Տ	Թ	Յ	Է	Զ	Թ
Ֆ	Ղ	Լ	Ք	Վ	Տ	Ն	Գ	P	Չ	Ա	Ձ	Ը	Ի
Ծ	Ղ	Զ	Վ	Ի	Զ	Ա	Ի	Ձ	Ժ	Ն	Փ	Յ	Ւ
Օ	Ո	Թ	Ի	Չ	Ե	Ք	Ր	Ե	Ն	Ռ	Ե	Լ	Ն
Թ	Ռ	Վ	Ը	Ա	Ր	Շ	Ա	Վ	Ղ	Լ	Ր	Է	H

ՕԴԱՆԱՎԱԿԱՅԱՆ
ԱՐՇԱՎ
ՀՅՈՒՐԱՆՈՑ
ԿՂԶԻ
ՔԱՐՏԵԶ
ԾՈՎ
ԼԵՌՆԵՐ
ԱՆՁՆԱԳԻՐ
ՌԵՍՏՈՐԱՆ
ԼՈՂԱՓ
ՕՏԱՐԱԿԱՆ
ՏԱՔՍԻ
ՎՐԱՆ
ՓՈԽԱԴՐՈՒՄ
ԳՆԱՑՔ
ՏՈՆ
ՃԱՄԲՈՐԴՈՒԹԻՒՆ
ՎԻԶԱ

97 - Diplomazia

Ք	Ր	Լ	Մ	Տ	Ց	Ծ	A	Պ	Ք	Կ	Լ	Դ	Խ
Գ	Ա	Ֆ	Ո	Ք	Գ	Ռ	Ճ	Վ	Ն	Ո	Ե	Ե	Ո
Է	Տ	Ղ	Կ	Ւ	Չ	Է	Է	Ջ	Ն	Ն	Զ	Ս	Ր
Թ	Օ	Ո	Ա	Չ	Ծ	Ս	Ր	Յ	Ա	Ֆ	Ո	Պ	Հ
Ի	Գ	Ջ	K	Ք	Ճ	Ո	Ծ	Ը	Ր	Լ	Ւ	Ա	Ր
Կ	Գ	Լ	Թ	Ա	Ա	Ս	Ւ	Ռ	Կ	Ի	Ն	Ն	Դ
Ա	Բ	Չ	Է	Զ	Յ	Ց	Ճ	Մ	Ո	Կ	Ե	Ո	Ա
Հ	Ա	Մ	Ա	Յ	Ն	Ք	Ի	E	Ւ	Տ	Ր	Ւ	Կ
Բ	Ա	Ն	Ա	Ձ	Ե	Ւ	Ը	Ա	Մ	Լ	Օ	Թ	Ա
Ղ	P	Ր	P	Զ	Ձ	Վ	Ա	Ց	Կ	Դ	Ա	Յ	Ն
Շ	Ա	Ց	Կ	Ց	Ի	Կ	Ա	Ն	Շ	Ա	Դ	Ո	Գ
Պ	Ա	Յ	Մ	Ա	Ն	Ա	Գ	Ի	Ր	Ը	Ն	Ւ	Ջ
Ա	Ր	Դ	Ա	Ր	Ո	Ւ	Թ	Յ	Ո	Ւ	Ն	Ն	H
Յ	Ճ	Խ	Ը	Ս	K	Դ	Դ	Ե	Ս	Պ	Ա	Ն	A

ԴԱՇՆԱԿԻՑ
ԴԵՍՊԱՆՈՒԹՅՈՒՆ
ԴԵՍՊԱՆ
ՔԱՂԱՔԱՑԻԱԿԱՆ
ՀԱՄԱՅՆՔ
ԿՈՆՖԼԻԿՏ
ԽՈՐՀՐԴԱԿԱՆ
ՔՆՆԱՐԿՈՒՄ
ԷԹԻԿԱ
ԱՐԴԱՐՈՒԹՅՈՒՆ
ԼԵԶՈՒՆԵՐ
ԲԱՆԱՁԵՒԸ
ԼՈՒԾՈՒՄ
ՕՏԱՐ
ՊԱՅՄԱՆԱԳԻՐԸ

98 - Forniture Artistiche

E	Մ	Ր	L	E	Ճ	Ո	Ը	Ջ	Ե	Թ	Ճ	Չ	Ր
Ւ	Մ	Վ	Ե	Գ	Ֆ	Ց	Հ	Չ	A	Ջ	Մ	Ի	Դ
Ը	Թ	O	Ա	Զ	Ա	Ո	Ք	Ա	Ծ	Վ	Տ	Ղ	Ւ
Ժ	Չ	Ե	Կ	Կ	Ի	Ց	Խ	Ա	Ս	Ե	Տ	Ւ	Պ
P	Թ	L	Ր	Ջ	Ո	Ւ	Ր	Ե	Ն	Յ	Ւ	Ո	Գ
Ճ	H	Ր	Ե	Ն	Ր	Ա	Փ	Ա	Ղ	Ա	Գ	Յ	Վ
Զ	H	Ե	Ն	Բ	H	Յ	Յ	Ն	E	Թ	Թ	Ս	Ս
Վ	Շ	Ն	Ա	Ս	Ա	Կ	Ր	Ի	L	Ղ	Ց	Ր	Ը
Հ	H	Տ	Ր	Տ	Ո	P	Չ	Տ	Հ	Ւ	E	Ժ	A
Ր	Յ	Ի	Ջ	Ն	Ը	Ս	H	Ե	Ճ	Ո	Զ	Շ	Բ
Ս	Կ	Տ	Զ	Ա	Թ	Ջ	Ի	Ռ	Ո	Թ	Ա	Գ	Ժ
Շ	Բ	Ա	K	Ն	O	Թ	L	Ն	Ա	Ղ	Ե	Ս	Ճ
Ծ	Ո	Մ	Ն	Ե	Ր	Կ	Ե	Ր	Ձ	Է	Չ	Ո	Դ
Վ	A	Ո	Պ	Ա	Տ	Կ	Ե	Ր	Ք	Զ	Ծ	Ց	Ո

ՋՈՒՐ
ՋՐԱՆԵՐԿ
ԱԿՐԻԼ
ԿԱՎ
ԹՈՒՂԹ
ՊԱՏԿԵՐ
ՍՈՍԻՆՁ
ԳՈՒՅՆԵՐ
ՌԵՏԻՆ
ԳԱՂԱՓԱՐՆԵՐ
ԹԱՆԱՔ
ՄԱՏԻՏՆԵՐ
ՅՈՒՂ
ԱԹՈՌ
ՍԵՂԱՆ
ՏԵՍԱԽՑԻԿ
ՆԵՐԿԵՐ

99 - Misurazioni

Ե	Ճ	Պ	Ջ	Ջ	Ա	Ր	Տ	Ե	Մ	Ո	Լ	Ի	Կ
Ր	Գ	Մ	Պ	Ճ	Մ	Ս	Ո	Ը	Ե	Է	Ձ	K	Շ
Կ	Դ	Ր	Ո	Դ	Ց	Ր	Տ	Պ	Ե	Ր	Չ	Հ	Ե
Ա	Յ	Տ	Ա	Ն	Ն	Ո	Տ	Ի	Ե	Ց	Յ	Ֆ	Գ
Ր	Ո	Ե	Ի	Մ	Լ	Ծ	Դ	Վ	Ճ	P	Թ	Հ	Ռ
Ո	Ւ	Մ	Ց	Ժ	Ի	Ժ	Լ	Ը	Լ	Ա	Վ	Ա	Ծ
Ւ	Յ	Ռ	Ն	Ց	Տ	Յ	Մ	A	K	Ւ	Ն	Կ	P
Թ	Մ	Տ	Ւ	Ռ	Ր	Կ	Ի	Լ	Ո	Գ	Ր	Ա	Մ
Յ	Ճ	Շ	Ո	Վ	Ս	Ա	Ն	Տ	Ի	Մ	Ե	Տ	Ր
Ո	Ղ	Ո	Բ	Ա	Յ	Տ	Յ	E	Վ	Կ	Ձ	Վ	Չ
Ւ	Ը	Ն	Ւ	Ո	Յ	Թ	Ւ	Ո	Ր	Ջ	Ր	Ա	Բ
Ն	Շ	Լ	Ա	Յ	Ն	Ո	Ւ	Թ	Յ	Ո	Ւ	Ն	Պ
Տ	Ա	Ս	Ն	Ո	Ր	Դ	Ա	Կ	Ա	Ն	Ը	Չ	Վ
Թ	Ք	Խ	Ո	Ր	Ո	Ւ	Թ	Յ	Ո	Ւ	Ն	Չ	Ջ

ԲԱՐՁՐՈՒԹՅՈՒՆԸ
ԲԱՅՏ
ՍԱՆՏԻՄԵՏՐ
ԿԻԼՈԳՐԱՄ
ԿԻԼՈՄԵՏՐ
ՏԱՍՆՈՐԴԱԿԱՆ
ԱՍՏԻՃԱՆ
ԳՐԱՄ
ԼԱՅՆՈՒԹՅՈՒՆ
ԼԻՏՐ

ԵՐԿԱՐՈՒԹՅՈՒՆ
ՄԵՏՐ
ՐՈՊԵ
ՈՒՆՑԻԱ
ՔԱՇԸ
ԴՅՈՒՅՄ
ԽՈՐՈՒԹՅՈՒՆ
ՏՈՆՆԱ
ԾԱՎԱԼԸ

1 - Scacchi

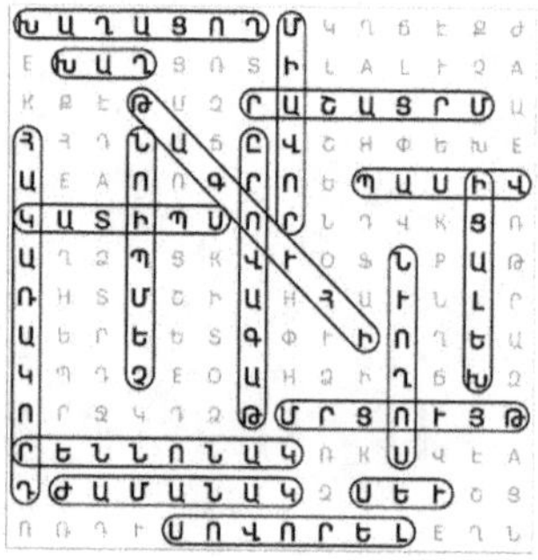

2 - Salute e Benessere #2

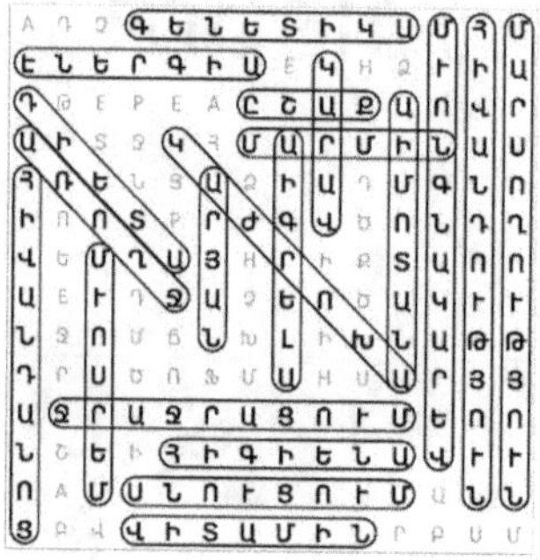

3 - Aggettivi #2

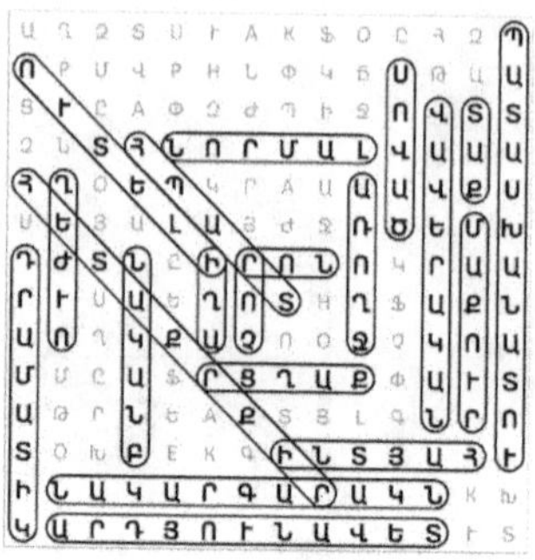

4 - Ingegneria

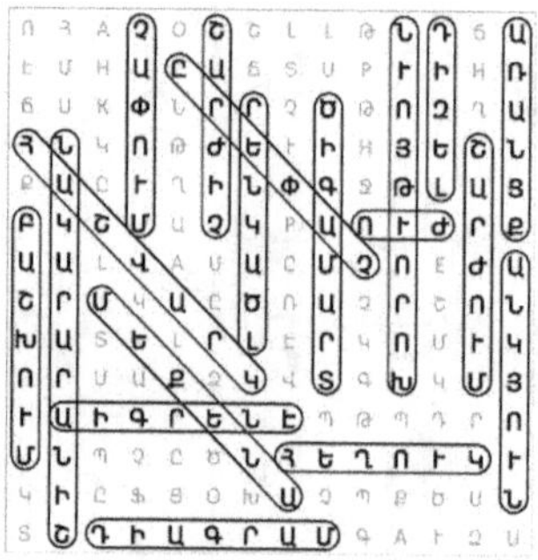

5 - Archeologia

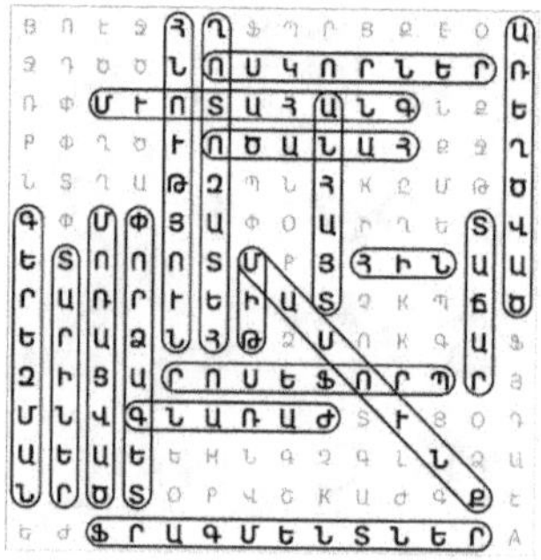

6 - Salute e Benessere #1

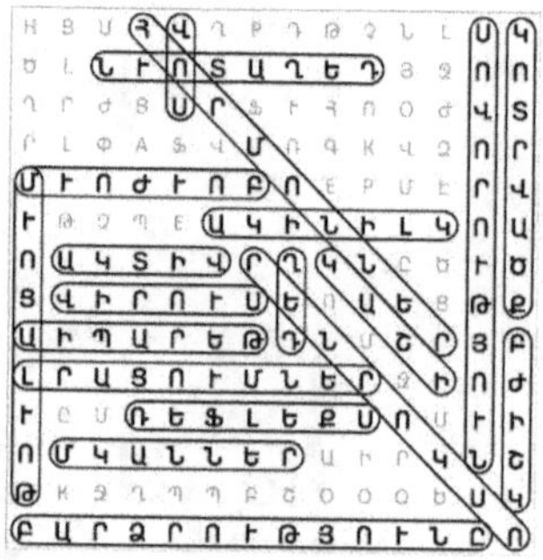

7 - Aggettivi #1

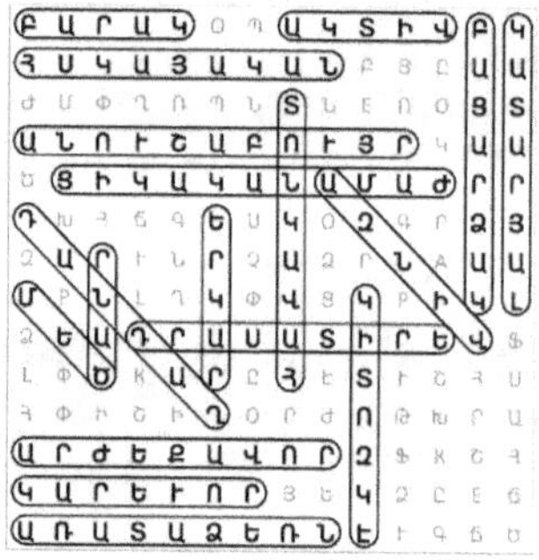

8 - Geologia

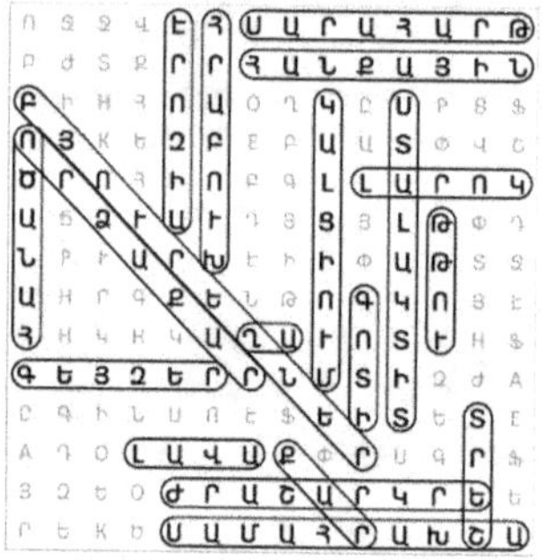

9 - Campeggio

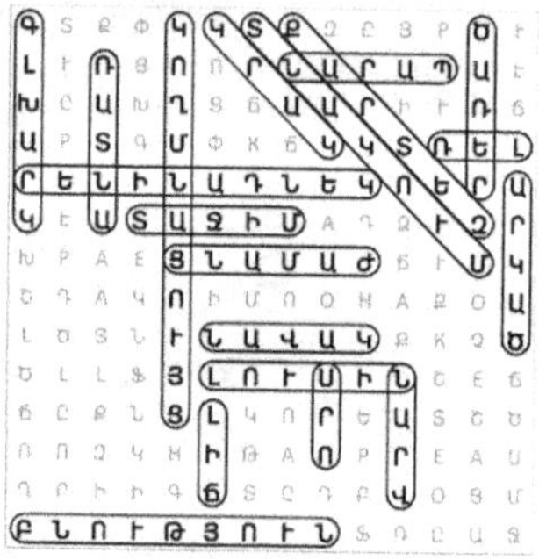

10 - Arti Visive

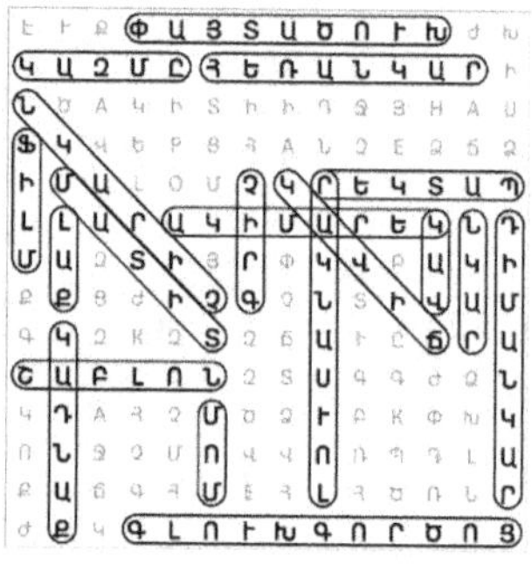

11 - Tempo

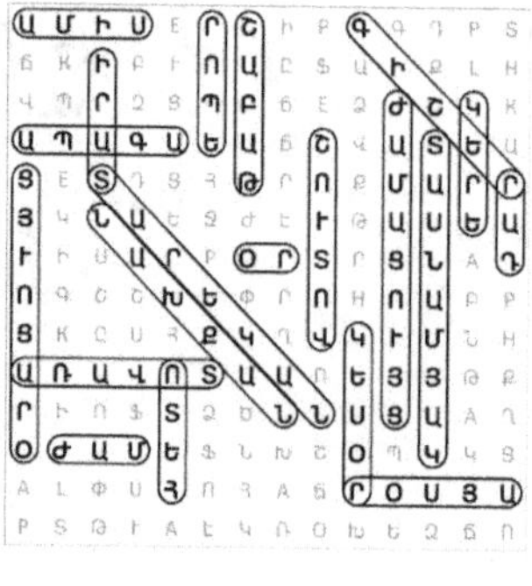

12 - Astronomia

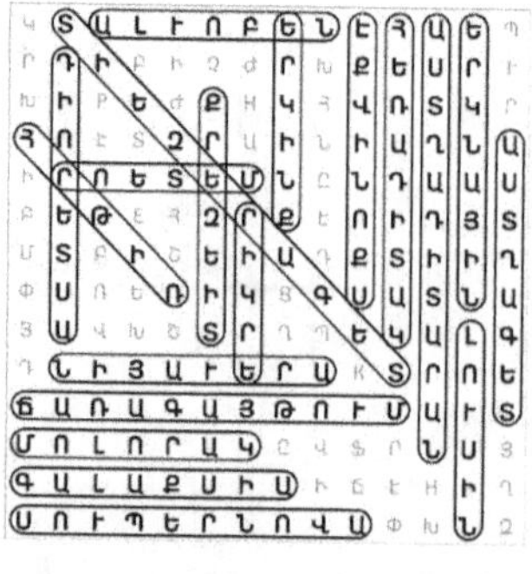

13 - Circo

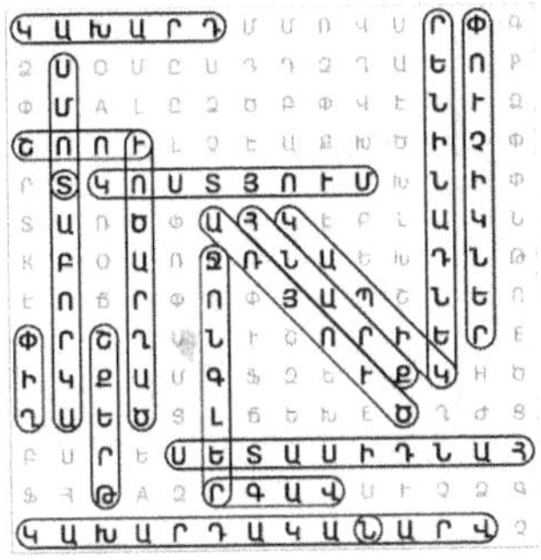

14 - Algebra

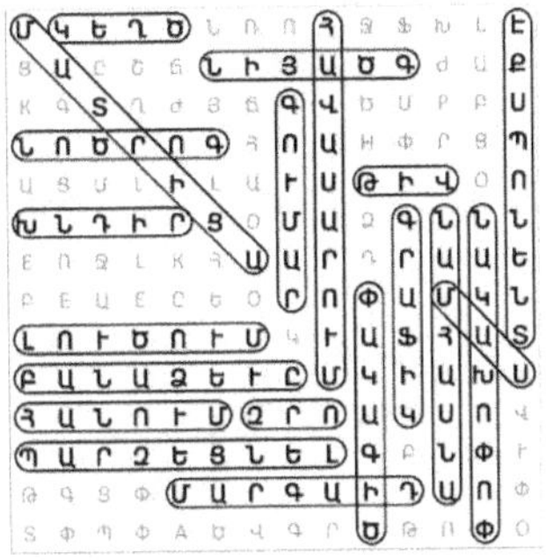

15 - Mitologia

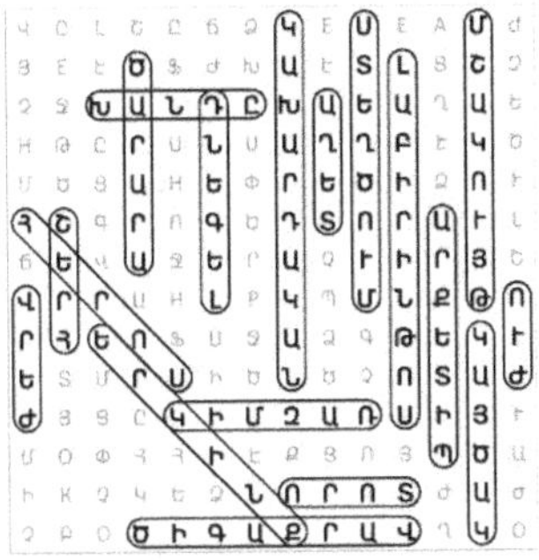

16 - Piante

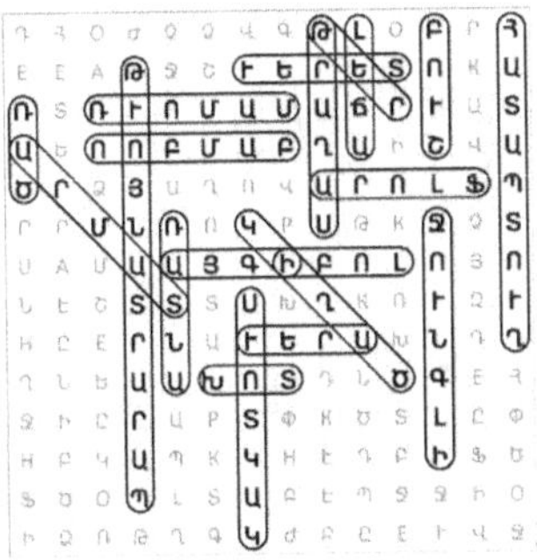

17 - Spezie

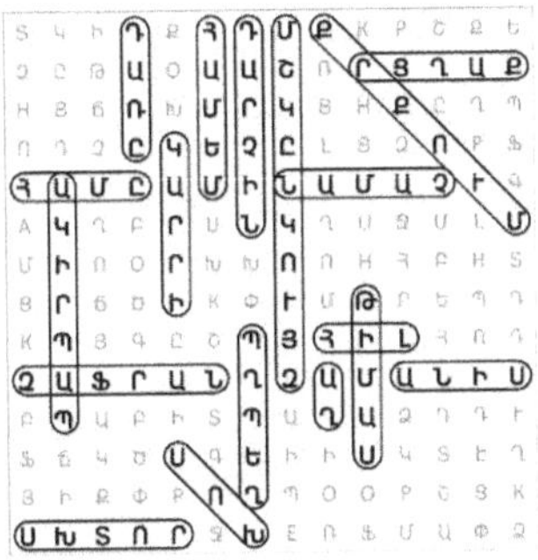

18 - Numeri

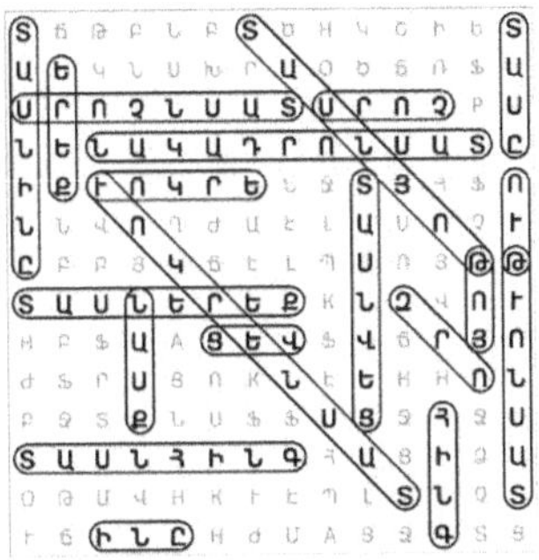

19 - Cioccolato

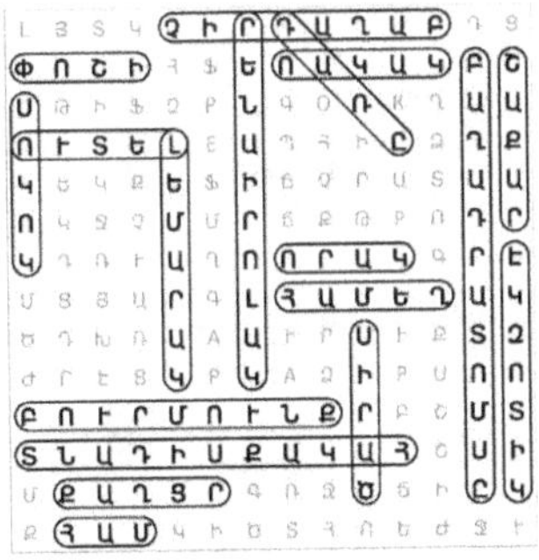

20 - Guida

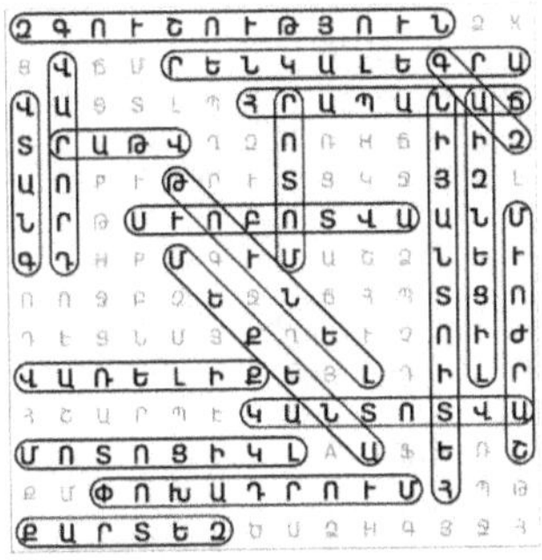

21 - I Media

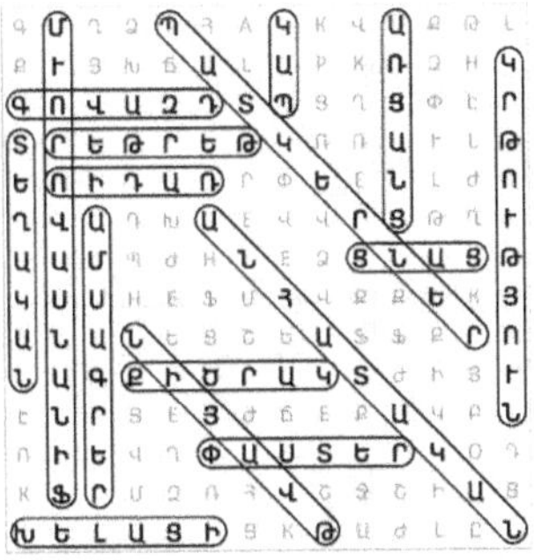

22 - Forza e Gravità

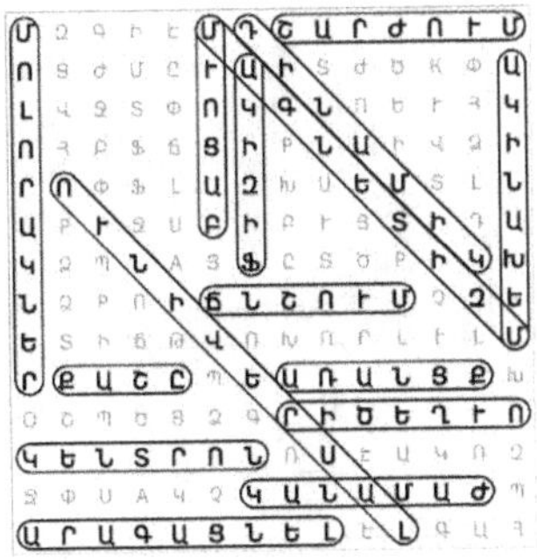

23 - Sport

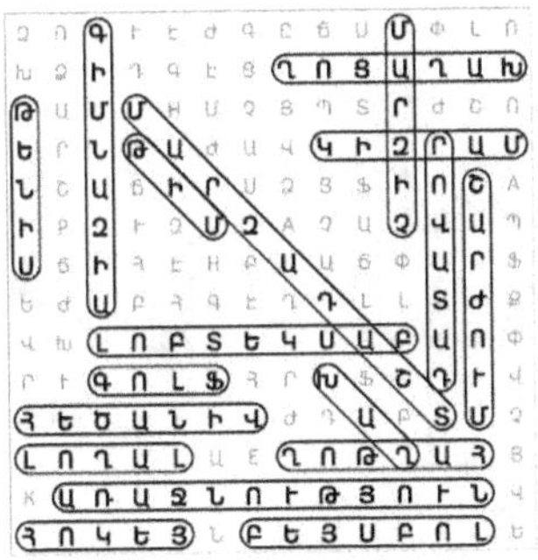

24 - Caffè

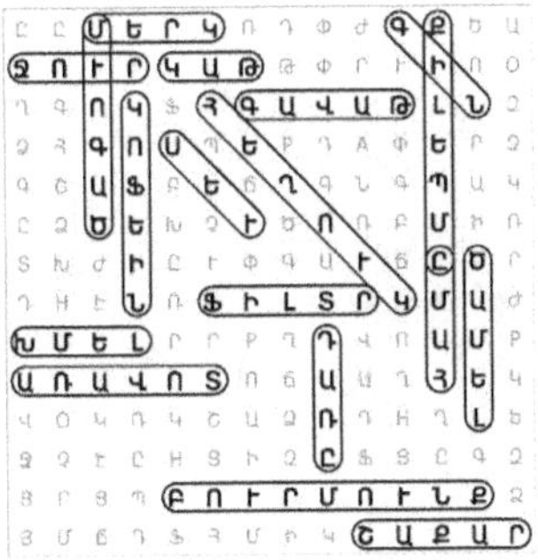

25 - Uccelli

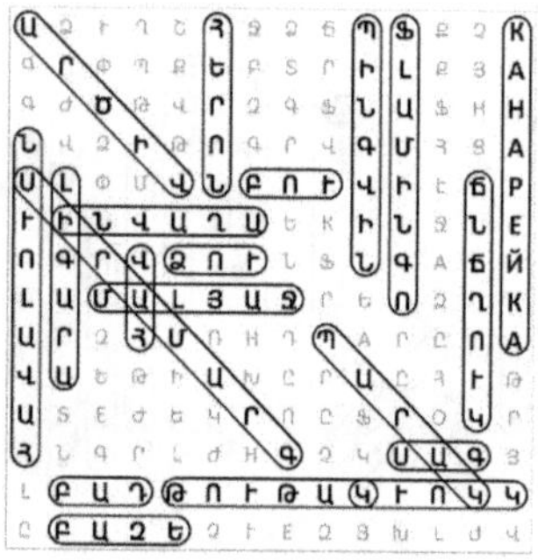

26 - Giorni e Mesi

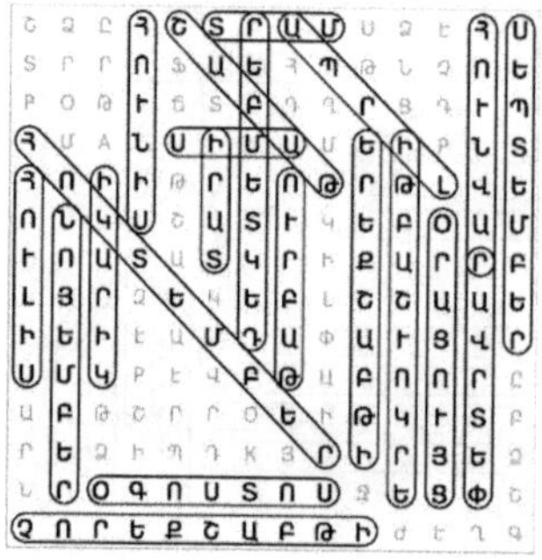

27 - Casa

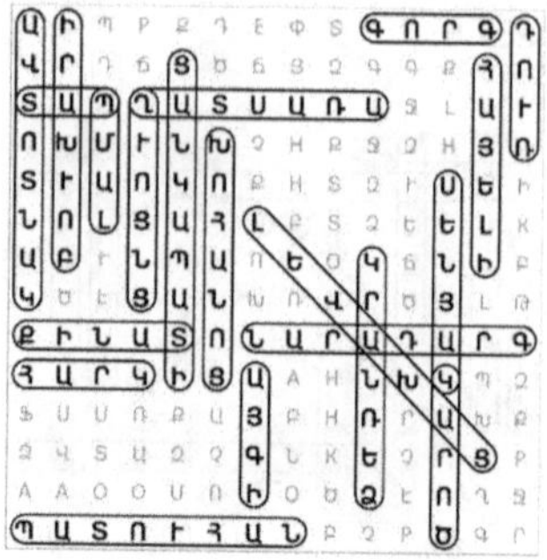

28 - Ristorante #1

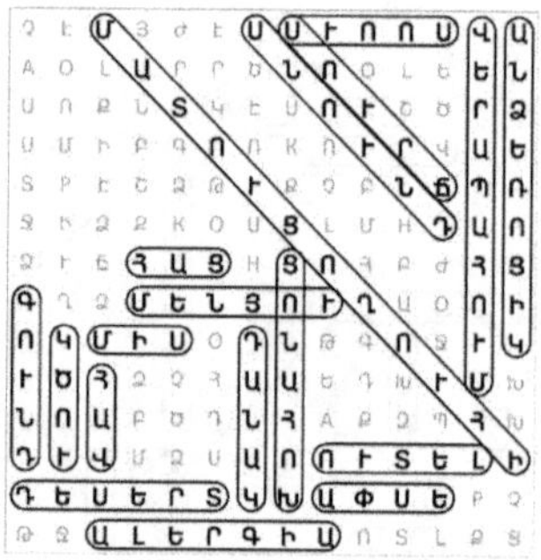

29 - Fantascienza

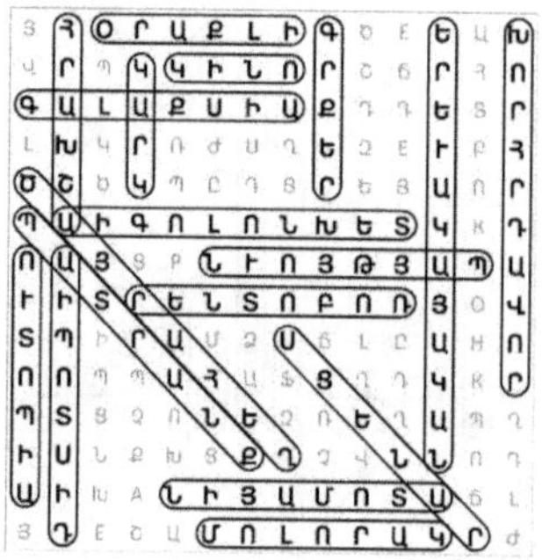

30 - Città

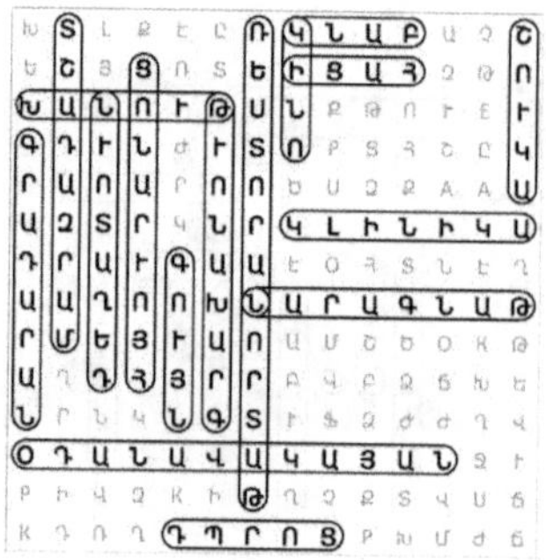

31 - Virtù #1

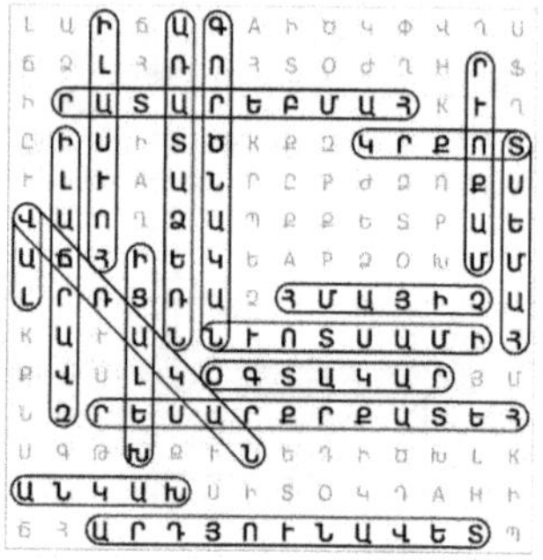

32 - Fattoria #1

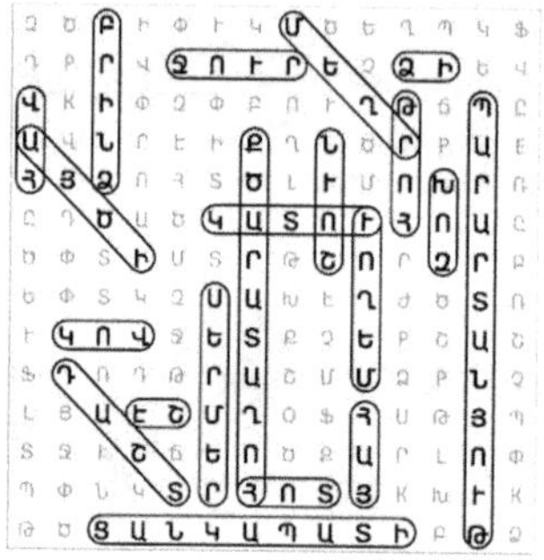

33 - Psicologia

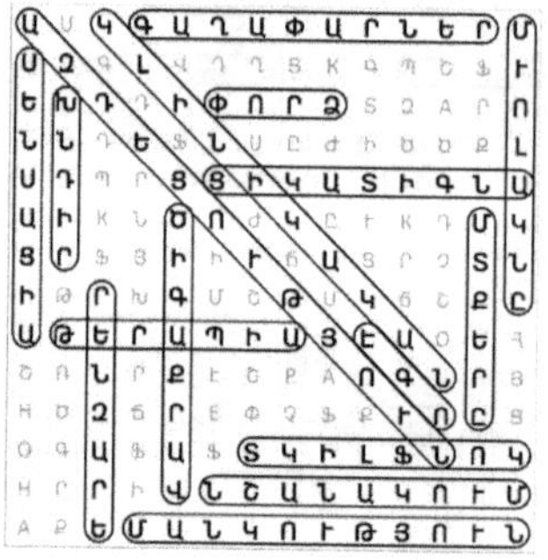

34 - Paesaggi

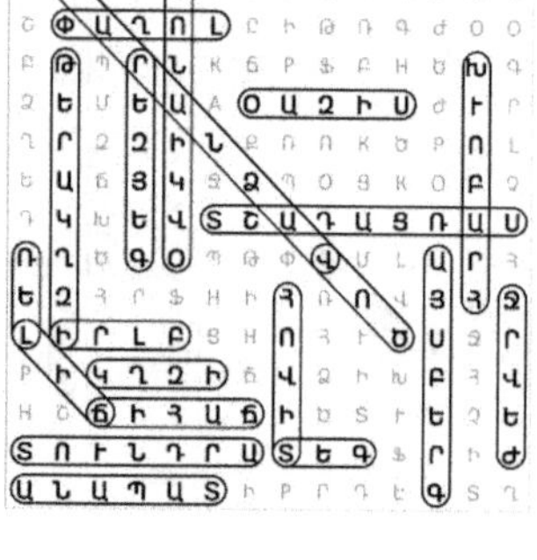

35 - Energia

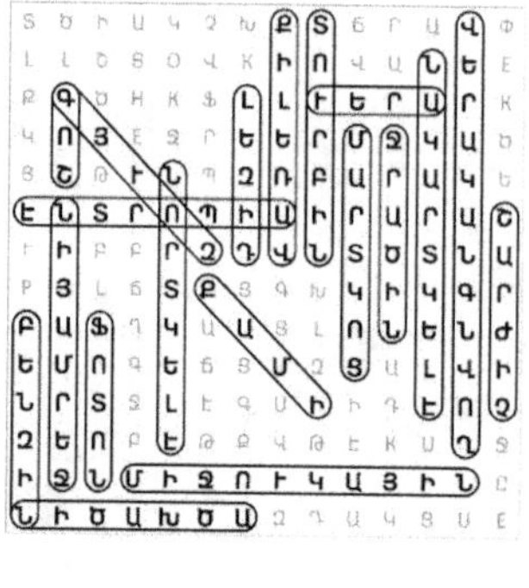

36 - Ristorante #2

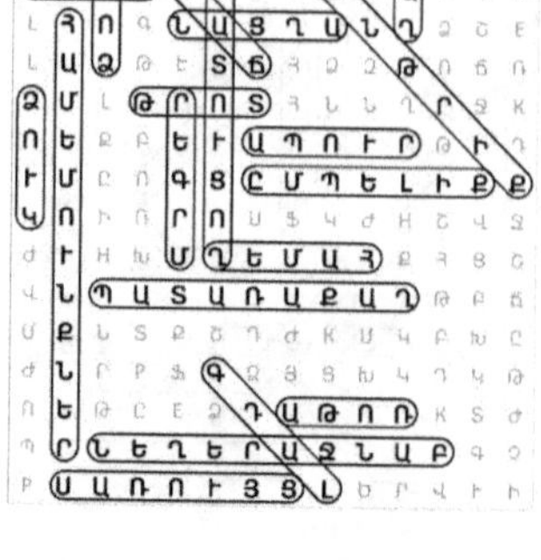

37 - Moda

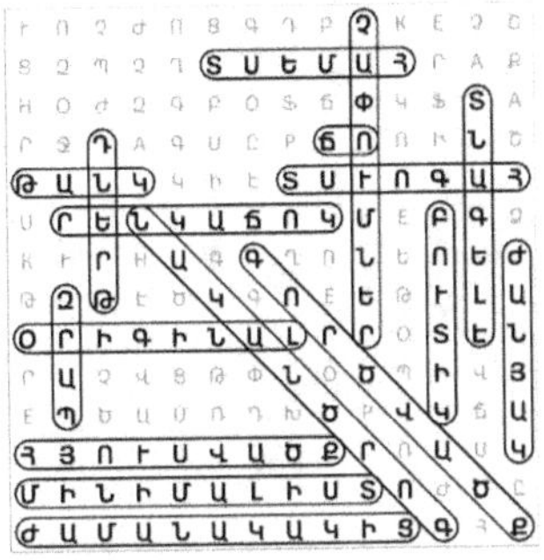

38 - Frutta

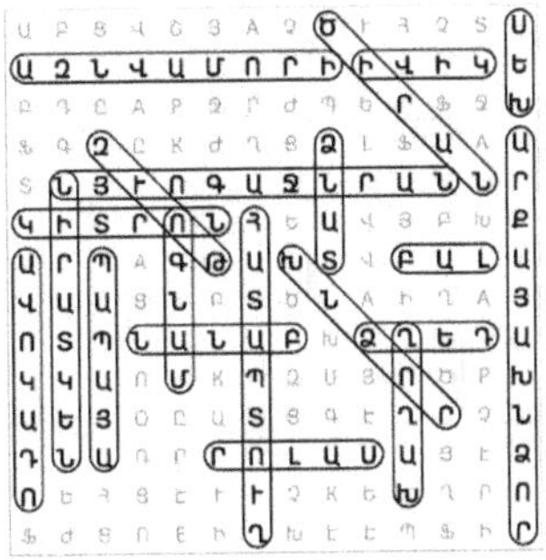

39 - Fattoria #2

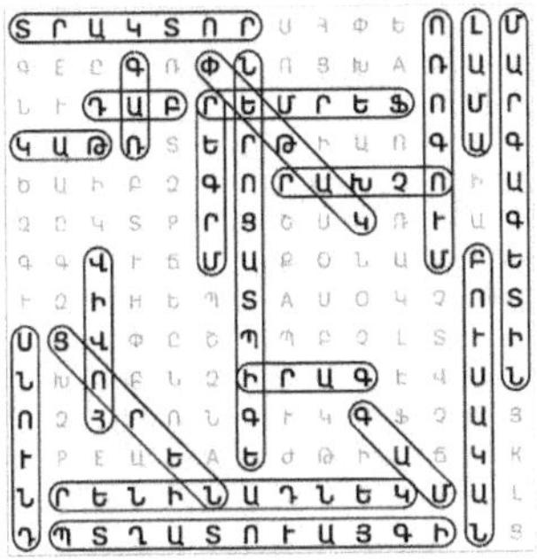

40 - Verdure

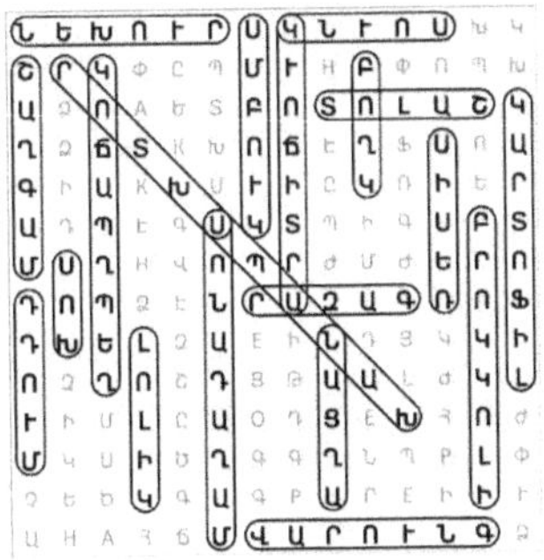

41 - Musica

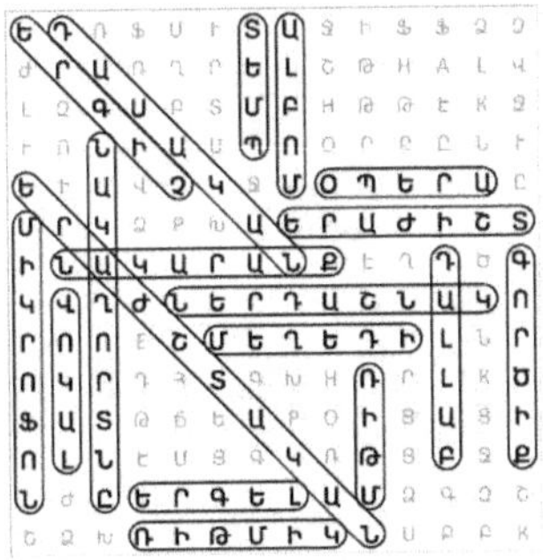

42 - Barbecue

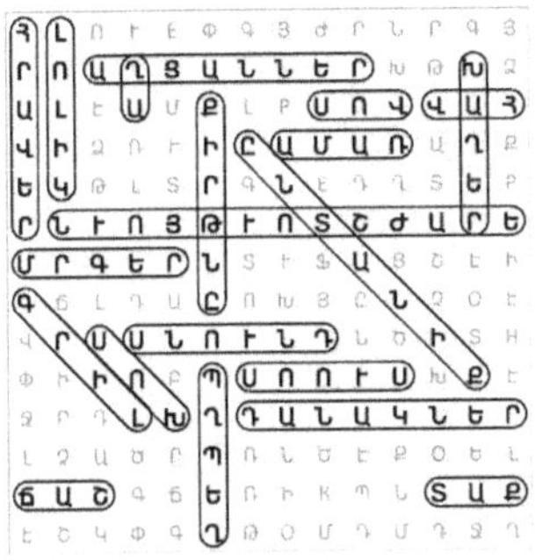

43 - Insetti

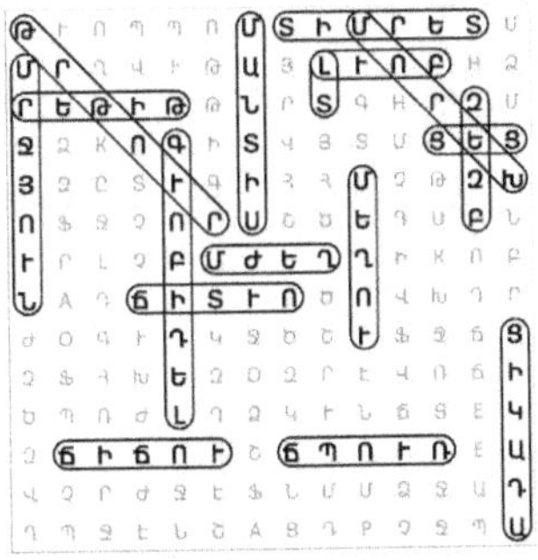

44 - Fisica

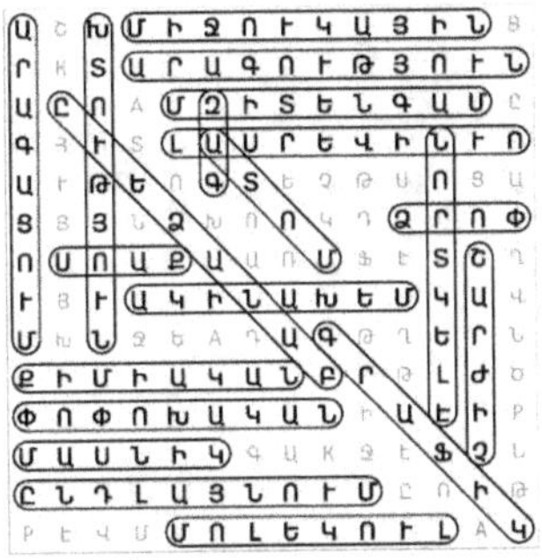

45 - Erboristeria

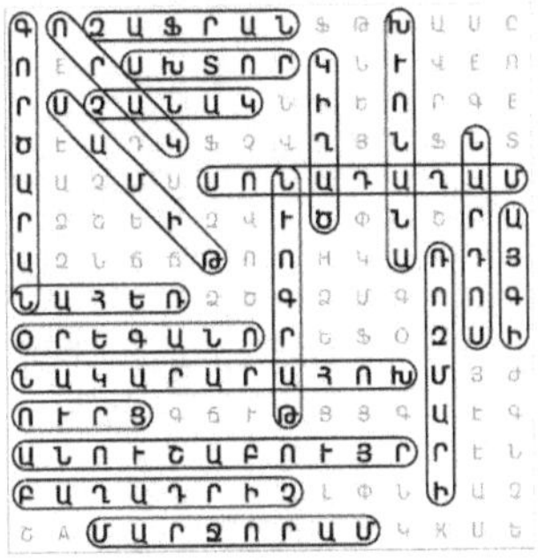

46 - Danza

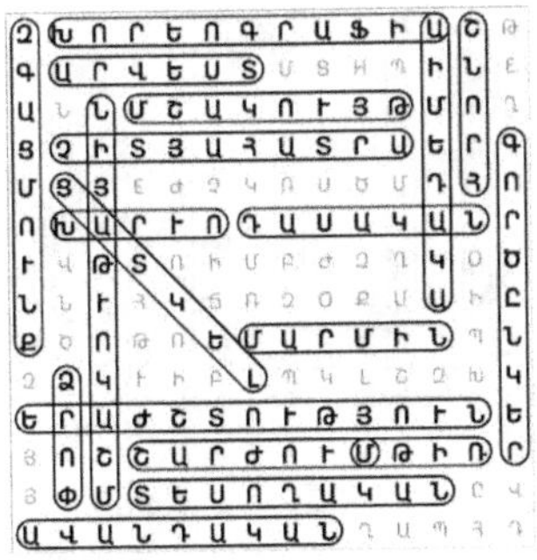

47 - Attività Commerciale

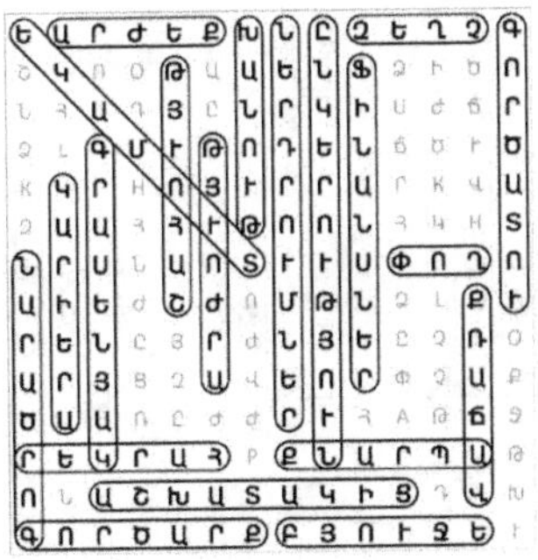

48 - Ecologia

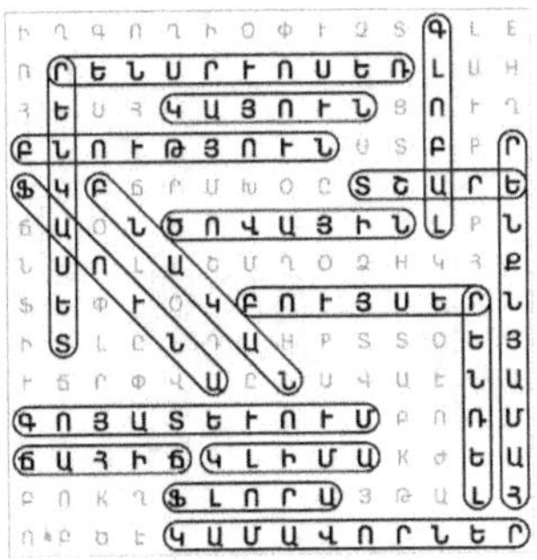

49 - Scienza

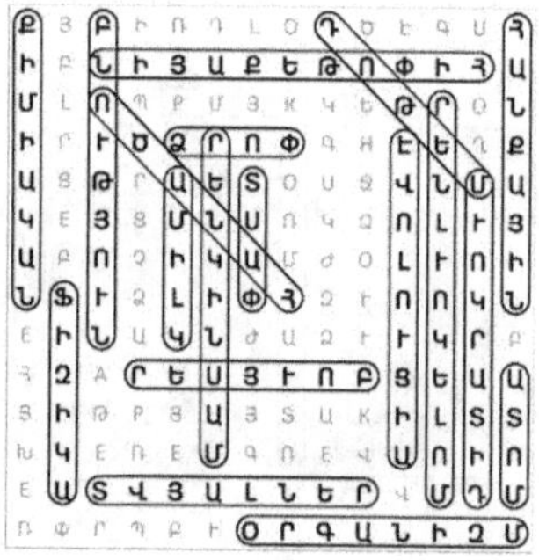

50 - Acqua

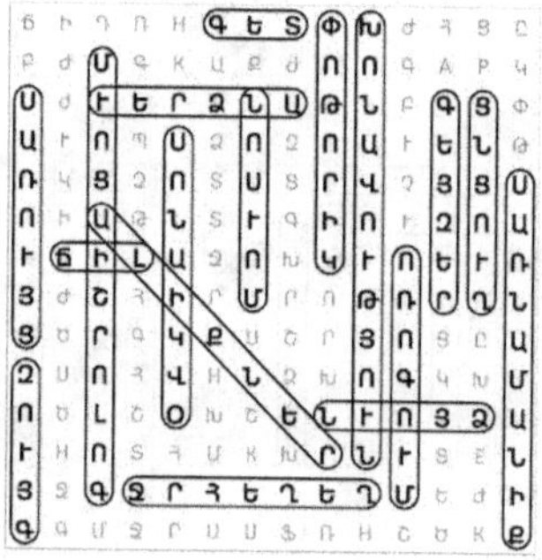

51 - Boxe

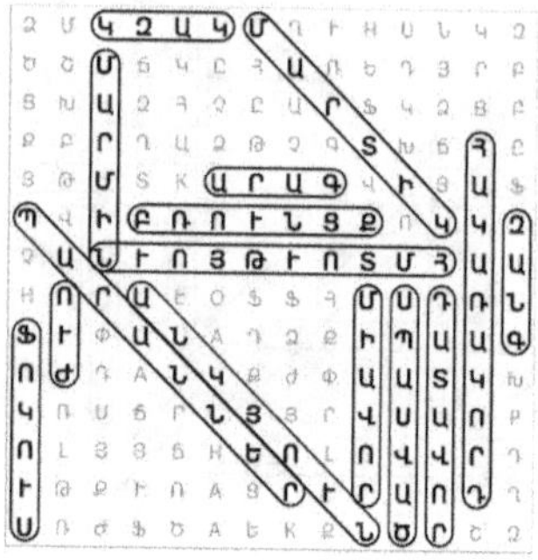

52 - Imbarcazioni

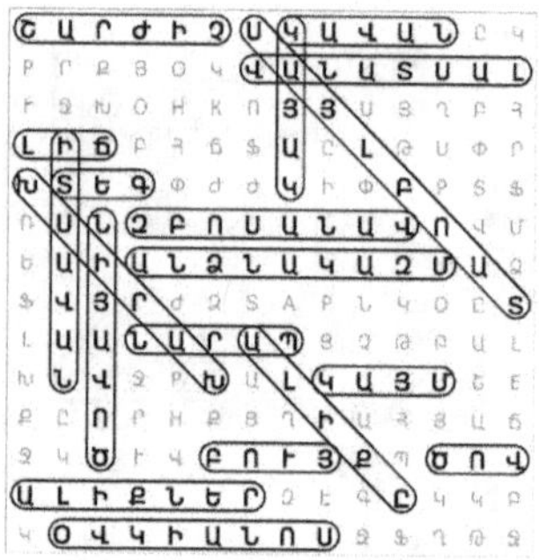

53 - Chimica

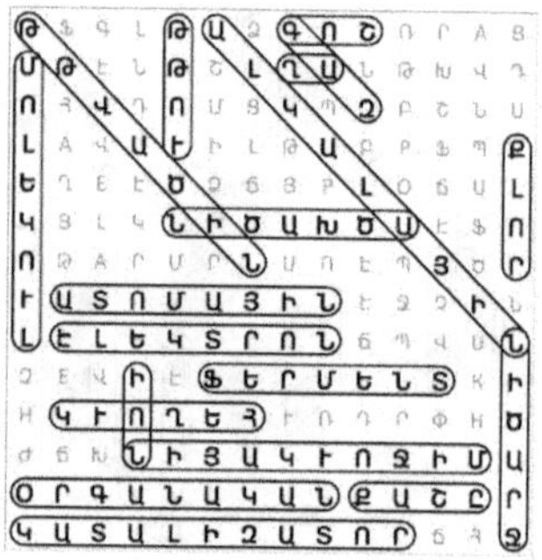

54 - Api

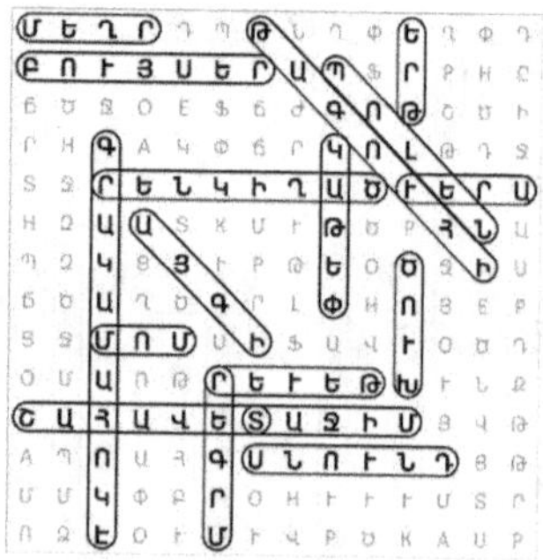

55 - Strumenti Musicali

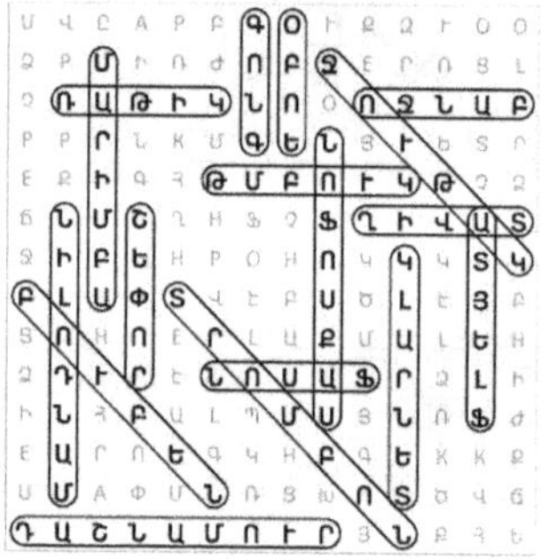

56 - Professioni #2

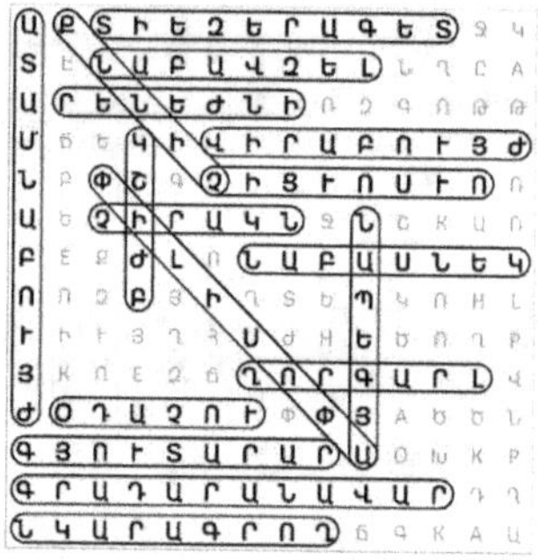

57 - Cibo #2

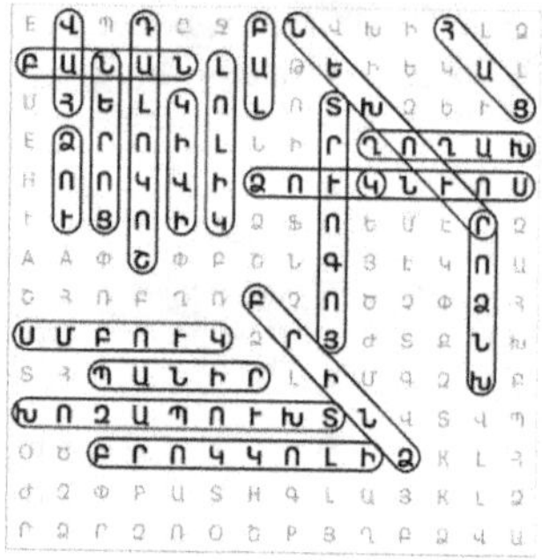

58 - Nutrizione

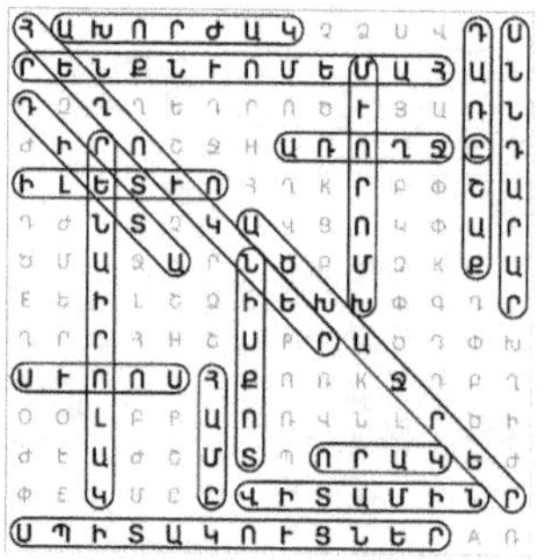

59 - Matematica

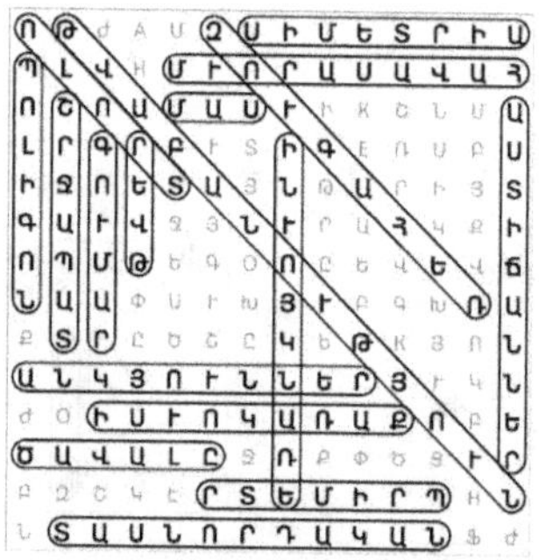

60 - Vacanza #1

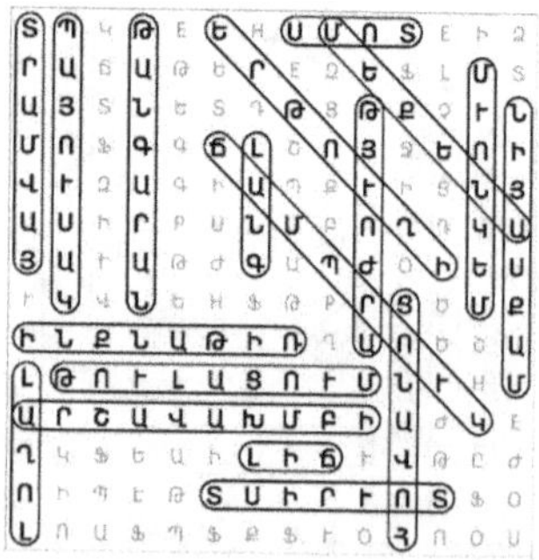

61 - Meditazione

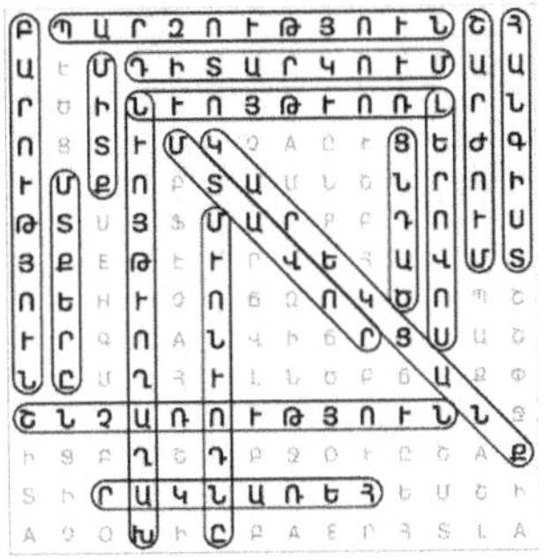

62 - Antiquariato

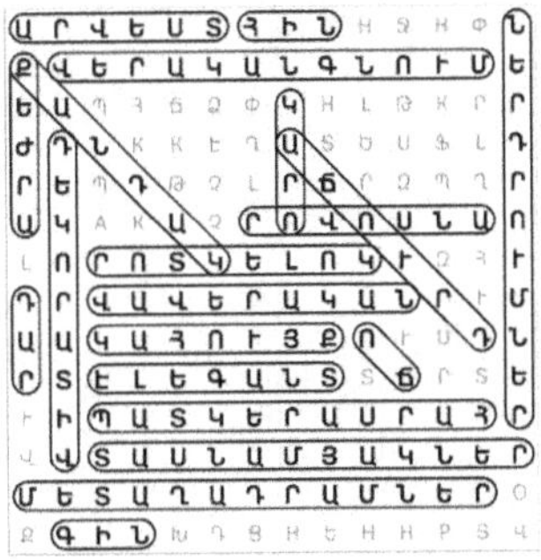

63 - Escursionismo

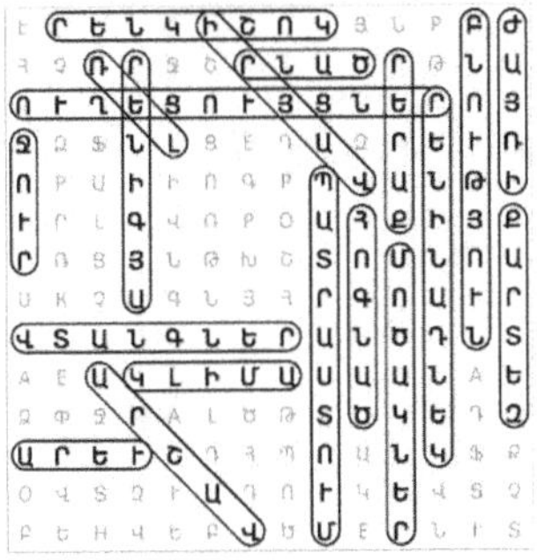

64 - Professioni #1

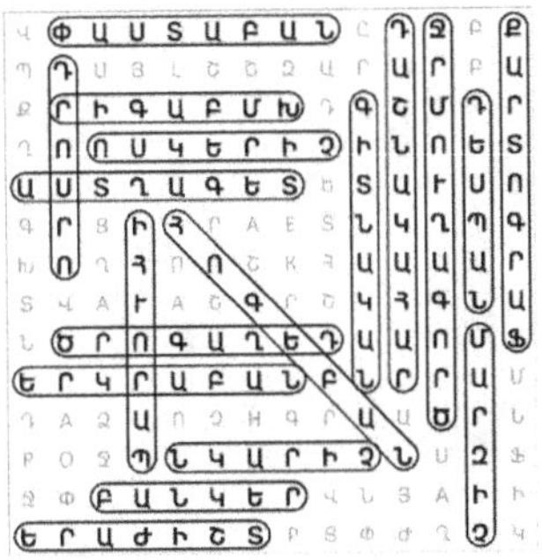

65 - Antartide

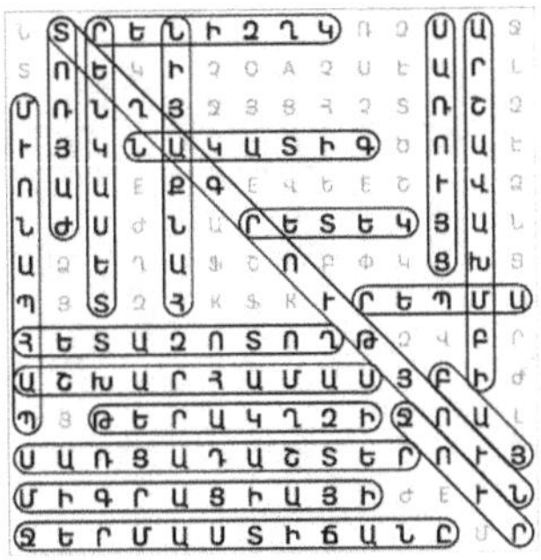

66 - Libri

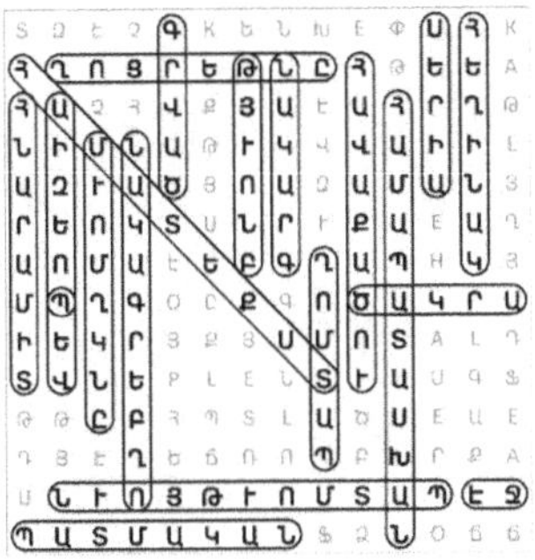

67 - Geografia

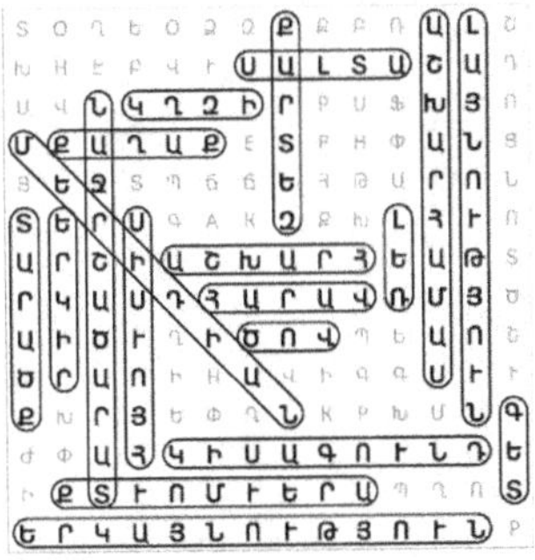

68 - Cibo #1

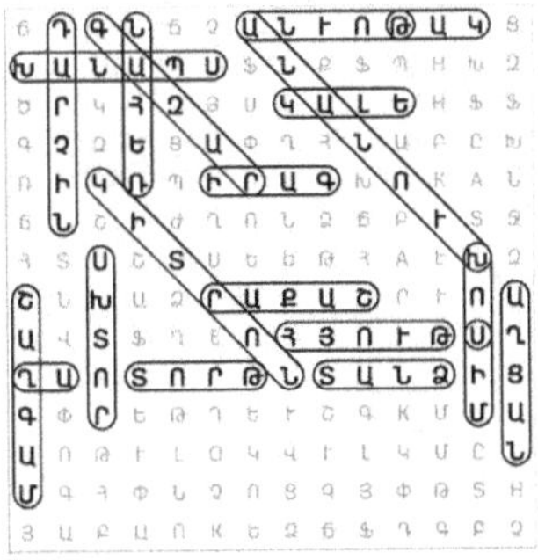

69 - Aeroplani

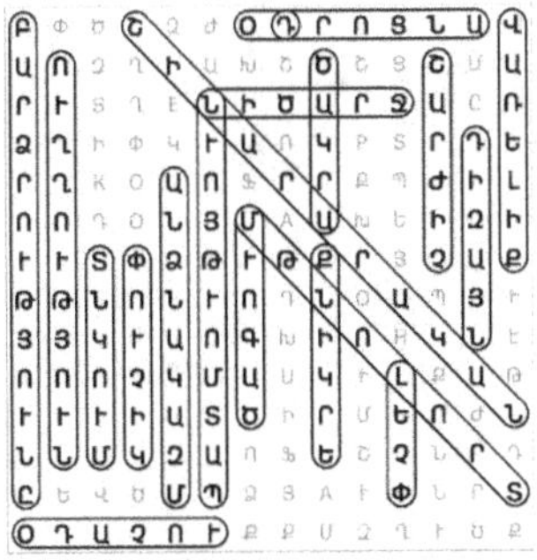

70 - Spiaggia

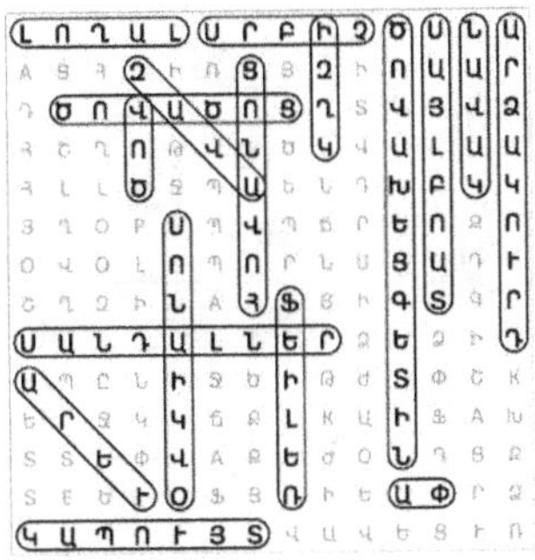

71 - Bellezza

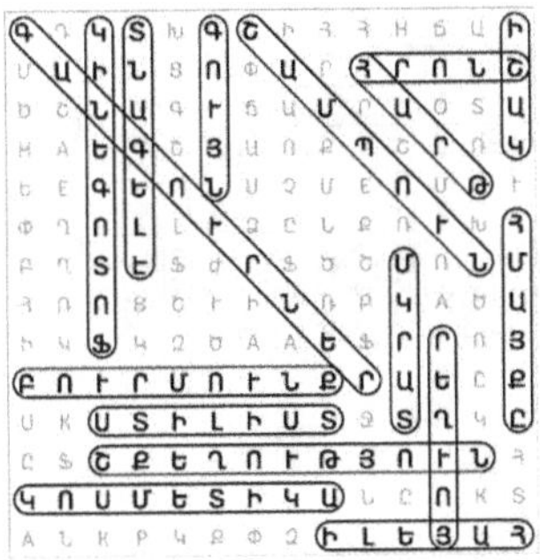

72 - Forme

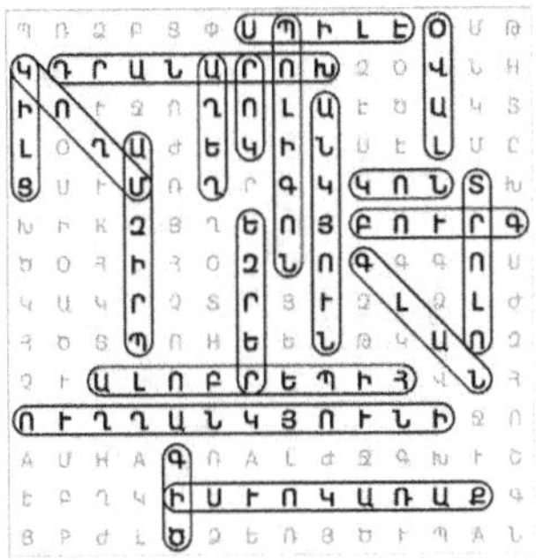

73 - Oceano

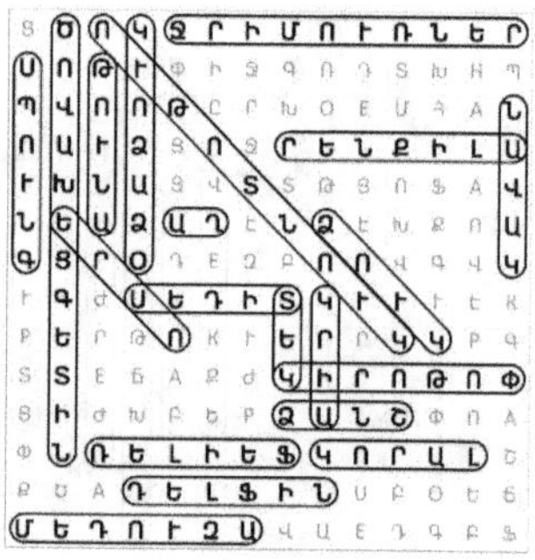

74 - Famiglia

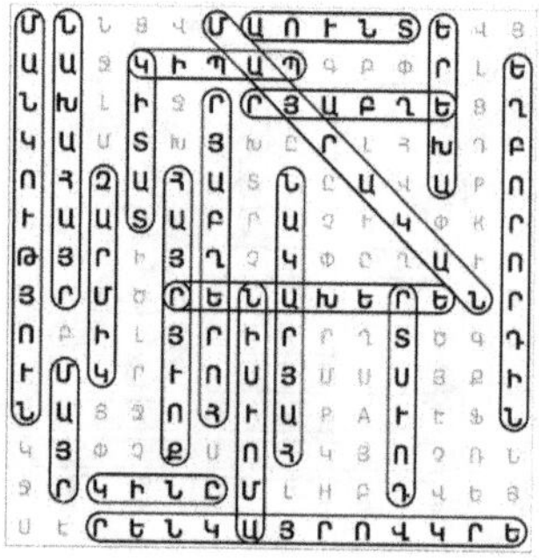

75 - Creatività

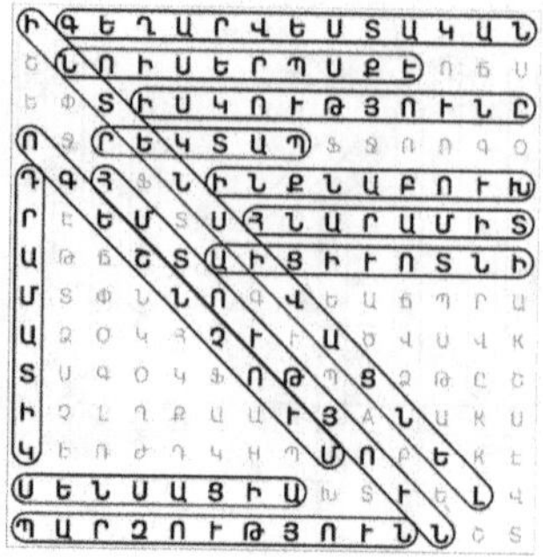

76 - Veicoli

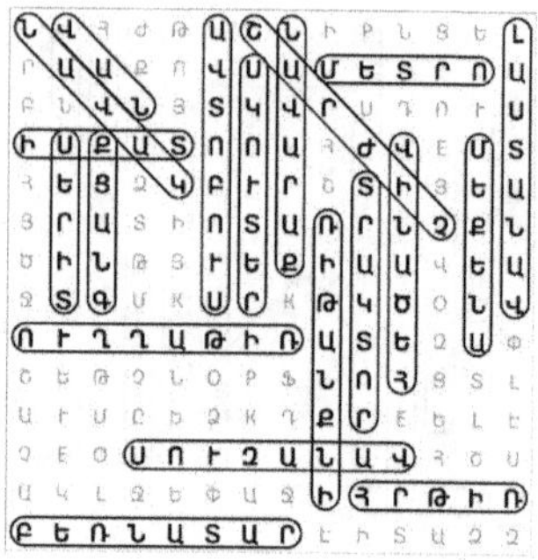

77 - Emozioni

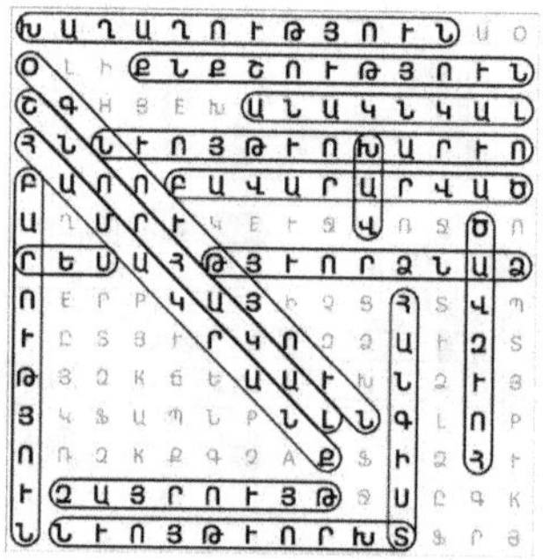

78 - Natura

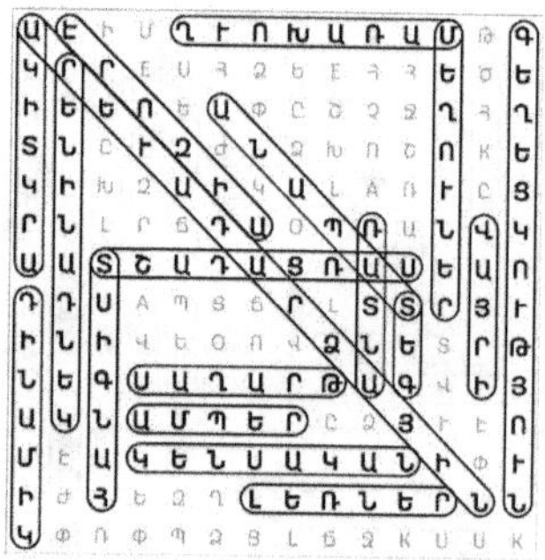

79 - Balletto

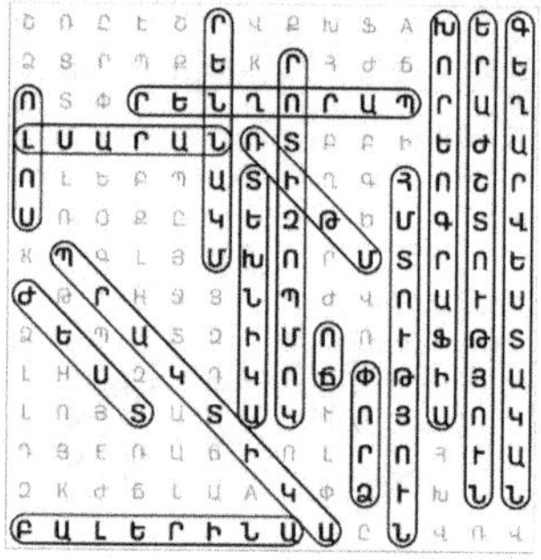

80 - Paesi #1

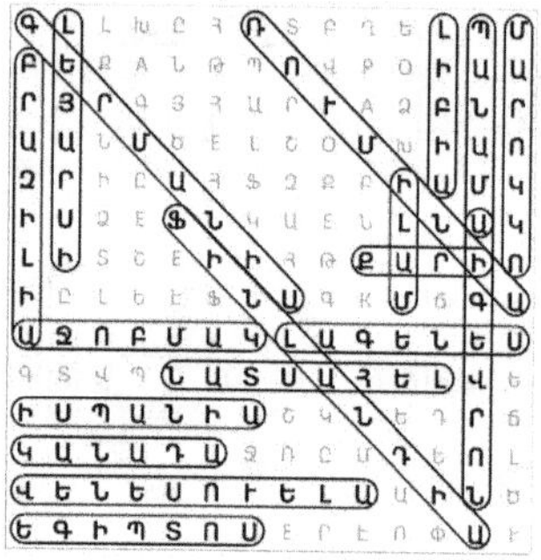

81 - Geometria

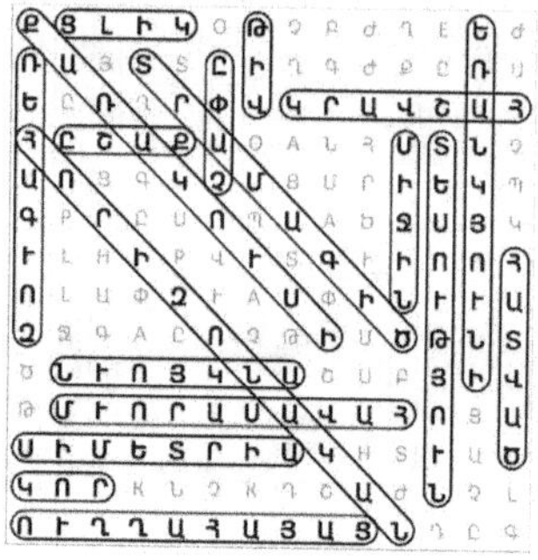

82 - Foresta Pluviale

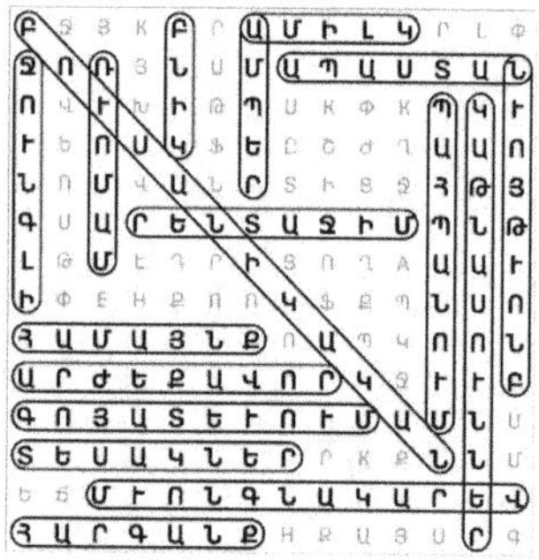

83 - Edifici

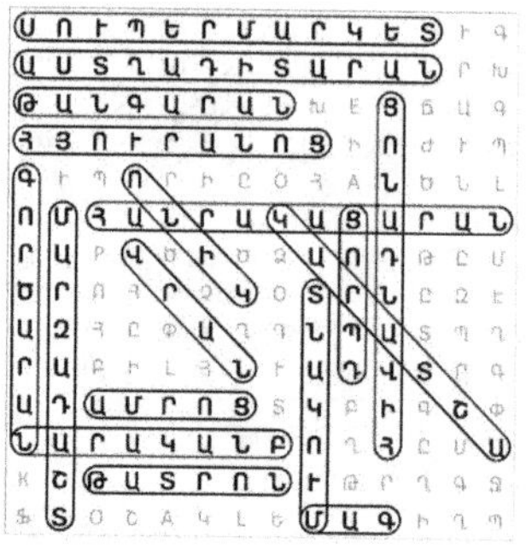

84 - Paesi #2

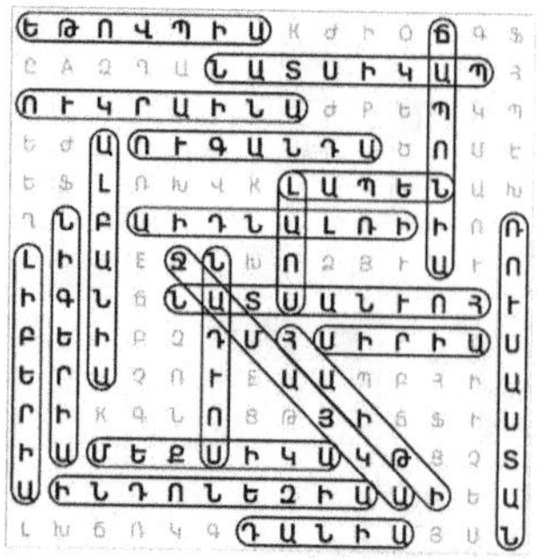

85 - Tipi di Capelli

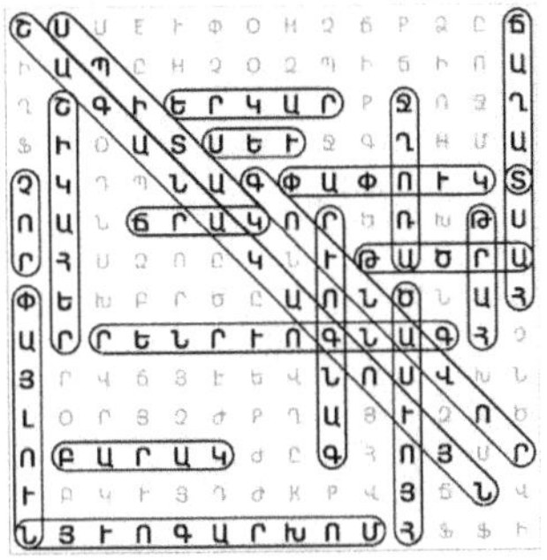

86 - Vestiti

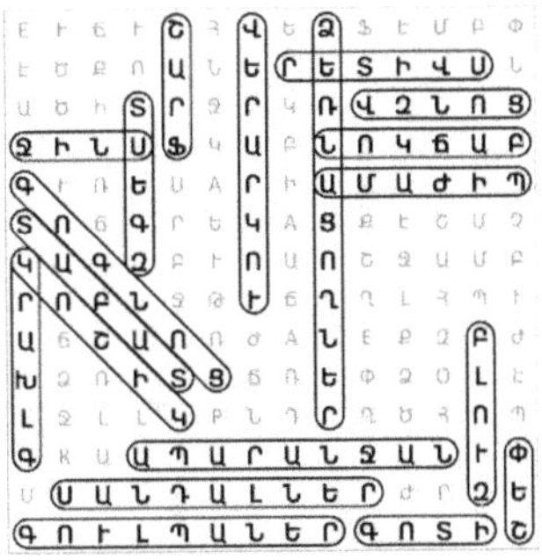

87 - Arte

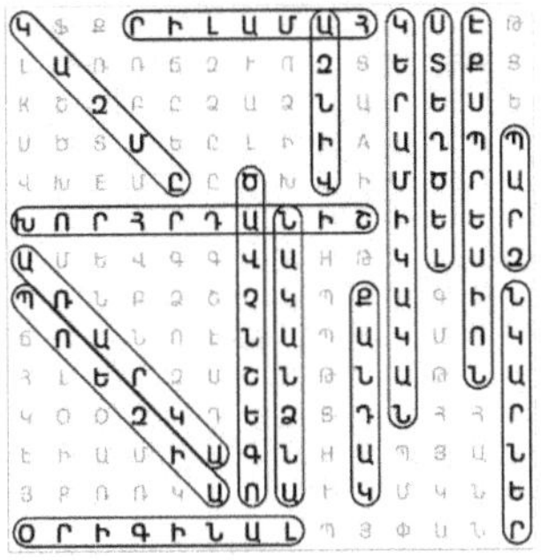

88 - Meteo

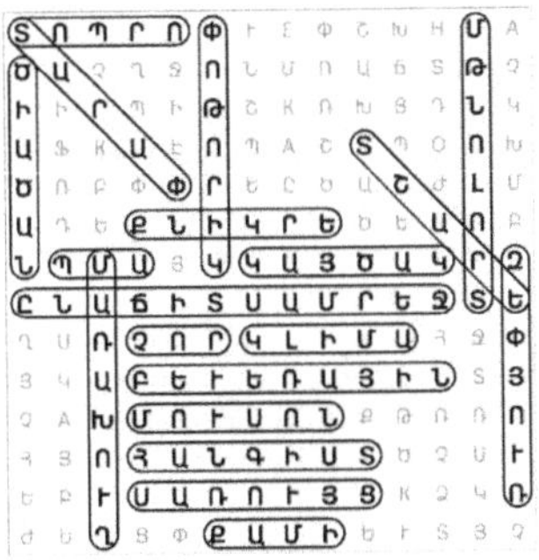

89 - Corpo Umano

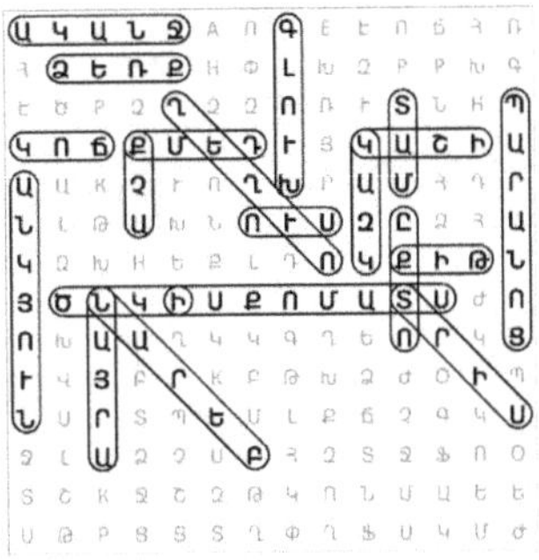

90 - Mammiferi

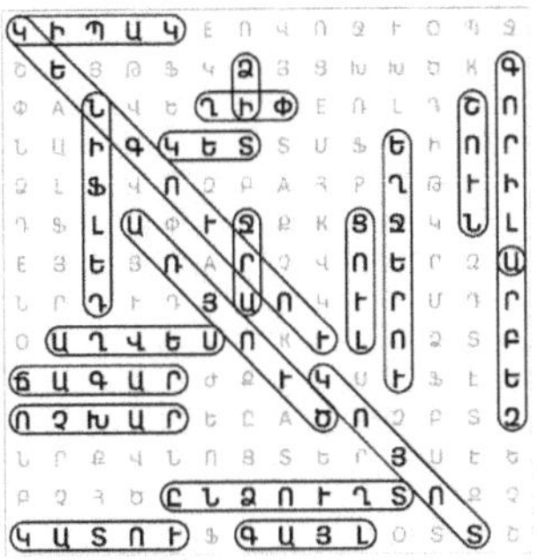

91 - Animali Domestici

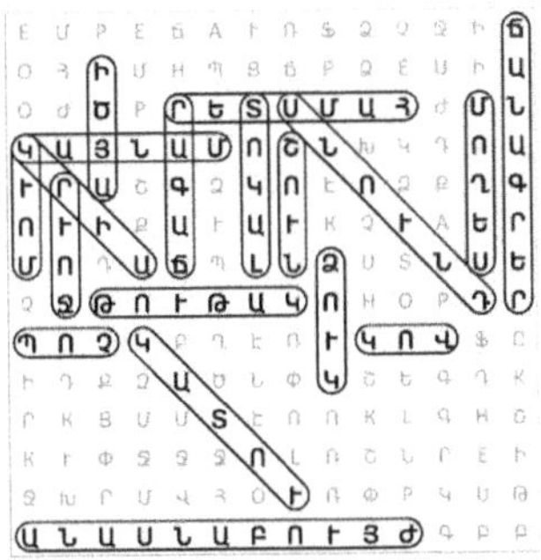

92 - Cucina

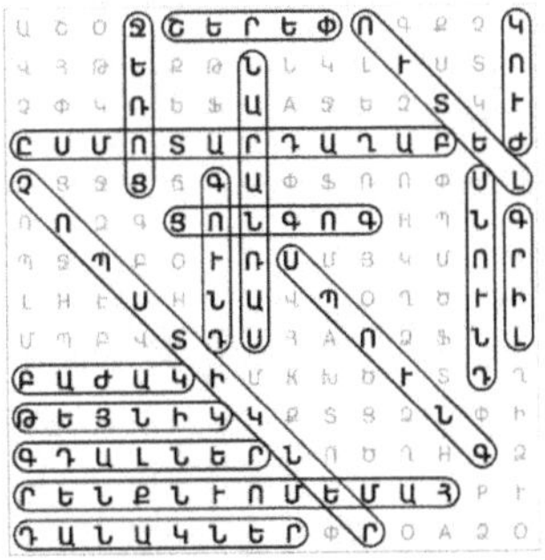

93 - Giardinaggio

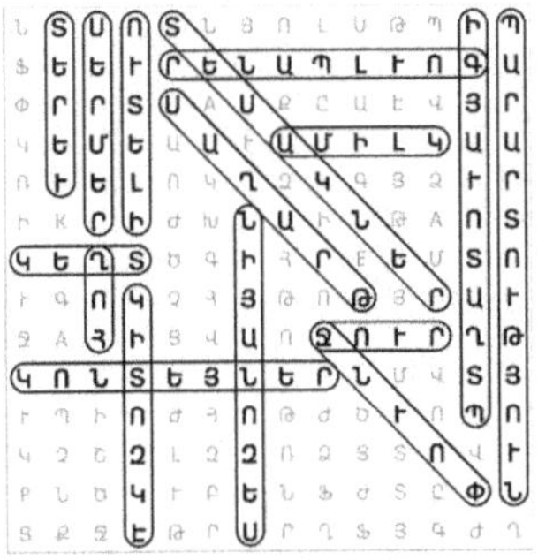

94 - Universo

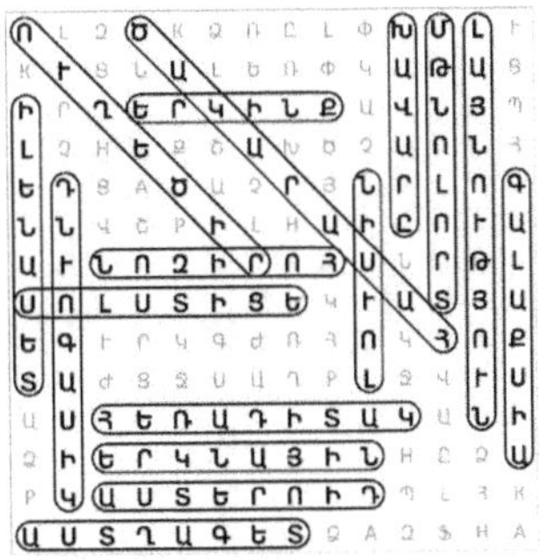

95 - Jazz

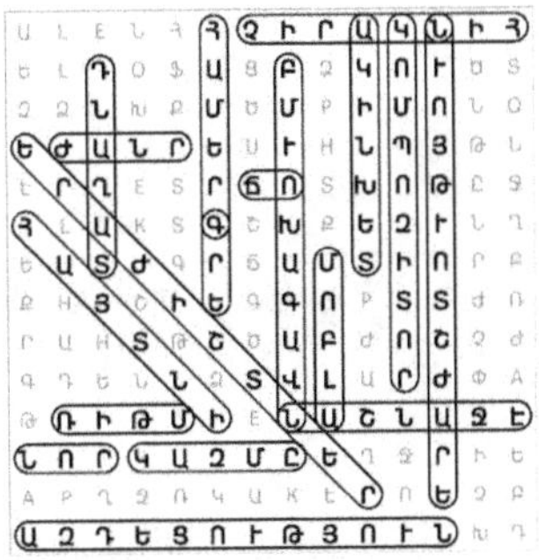

96 - Vacanze #2

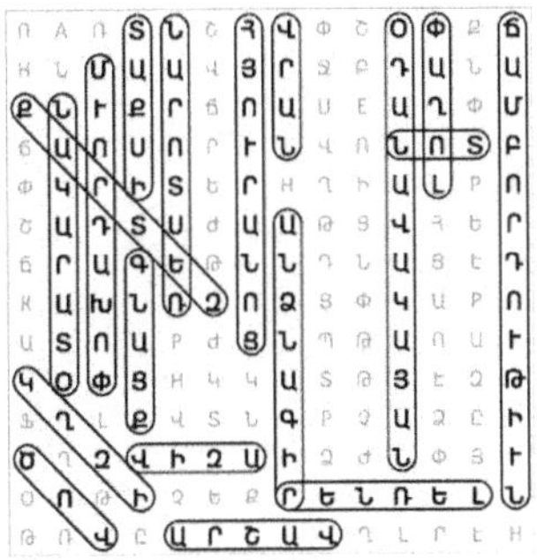

97 - Diplomazia

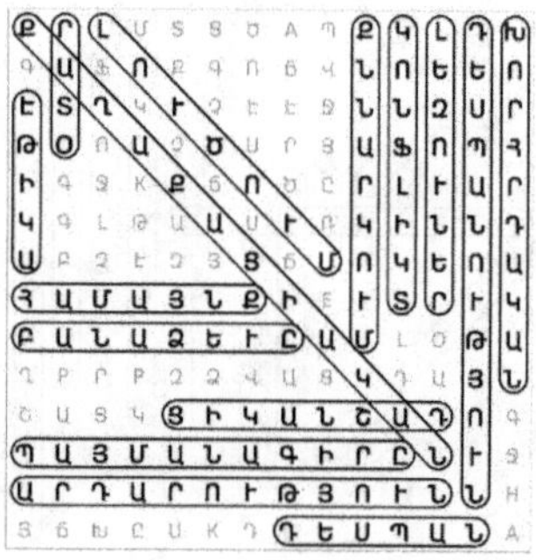

98 - Forniture Artistiche

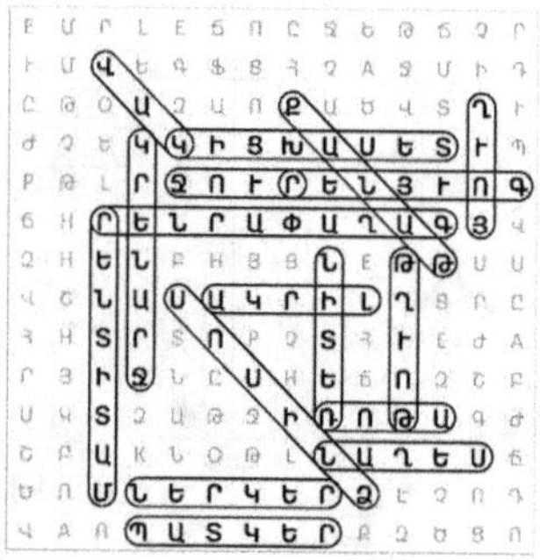

99 - Misurazioni

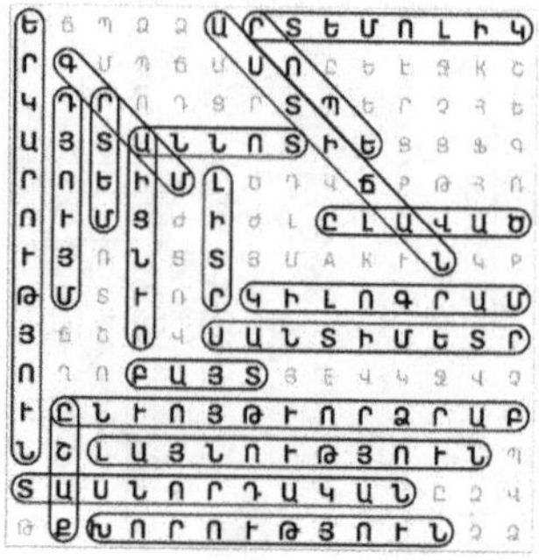

Dizionario

Acqua

Ջուր

Alluvione	Ջրհեղեղ
Doccia	Ցնցուղ
Evaporazione	Գոլորշիացում
Fiume	Գետ
Gelo	Սառնամանիք
Geyser	Գեյզեր
Ghiaccio	Սառույց
Irrigazione	Ոռոգում
Lago	Լիճ
Monsone	Մուսոն
Neve	Ձյուն
Oceano	Օվկիանոս
Onde	Ալիքներ
Pioggia	Անձրեւ
Umidità	Խոնավություն
Umidità	Խոնավություն
Uragano	Փոթորիկ
Vapore	Զույգ

Aeroplani

Ինքնաթիռներ

Altezza	Բարձրությունը
Aria	Օդ
Atmosfera	Մթնոլորտ
Atterraggio	Տնկում
Avventura	Արկած
Carburante	Վառելիք
Cielo	Երկինք
Costruzione	Շինարարական
Design	Դիզայն
Direzione	Ուղղություն
Discesa	Ծագում
Equipaggio	Անձնակազմ
Gonfiare	Փչել
Idrogeno	Ջրածին
Motore	Շարժիչ
Palloncino	Փուչիկ
Passeggero	Անցորդ
Pilota	Օդաչու
Storia	Պատմություն
Turbolenza	Անհանգիստ

Aggettivi #1

Ածականներ #1

Ambizioso	Հավակնոտ
Aromatico	Անուշաբույր
Artistico	Գեղարվեստական
Assoluto	Բացարձակ
Attivo	Ակտիվ
Enorme	Հսկայական
Esotico	Էկզոտիկ
Generoso	Առատաձեռն
Giovane	Երիտասարդ
Grande	Մեծ
Identico	Նույնական
Importante	Կարեւոր
Lento	Դանդաղ
Lungo	Երկար
Moderno	Ժամանակակից
Onesto	Ազնիվ
Perfetto	Կատարյալ
Pesante	Ծանր
Prezioso	Արժեքավոր
Sottile	Բարակ

Aggettivi #2

Ածականներ #2

Affamato	Սոված
Asciutto	Չոր
Autentico	Վավերական
Caldo	Տաք
Commestibile	Ուտելի
Descrittivo	Նկարագրական
Dolce	Քաղցր
Drammatico	Դրամատիկ
Famoso	Հայտնի
Forte	Ուժեղ
Interessante	Հետաքրքիր
Naturale	Բնական
Normale	Նորմալ
Nuovo	Նոր
Orgoglioso	Հպարտ
Produttivo	Արդյունավետ
Puro	Մաքուր
Responsabile	Պատասխանատու
Salato	Աղի
Sano	Առողջ

Algebra

Հանրահաշիվ

Diagramma	Դիագրամ
Equazione	Հավասարում
Esponente	Էքսպոնենտ
Falso	Կեղծ
Fattore	Գործոն
Formula	Բանաձեւը
Frazione	Մաս
Grafico	Գրաֆիկ
Infinito	Անսահման
Lineare	Գծային
Matrice	Մատրիցա
Numero	Թիվ
Parentesi	Փակագիծ
Problema	Խնդիր
Semplificare	Պարզեցնել
Soluzione	Լուծում
Somma	Գումար
Sottrazione	Հանում
Variabile	Փոփոխական
Zero	Զրո

Animali Domestici

Կենդանիներ

Acqua	Ջուր
Artigli	Ճանկեր
Cane	Շուն
Capra	Այծի
Cibo	Սնունդ
Coda	Պոչ
Collare	Մանյակ
Coniglio	Ճագար
Criceto	Համստեր
Cucciolo	Լակոտ
Gatto	Կատու
Lucertola	Մողես
Mucca	Կով
Pappagallo	Թութակ
Pesce	Ձուկ
Tartaruga	Կրիա
Topo	Մուկ
Veterinario	Անասնաբույժ

Antartide

Անտարկտիկա

Acqua	Ջուր
Baia	Բայ
Balene	Կետեր
Conservazione	Պահպանում
Continente	Աշխարհամաս
Ghiacciai	Սառցադաշտեր
Ghiaccio	Սառույց
Isole	Կղզիներ
Migrazione	Միգրացիայի
Minerali	Հանքային
Nuvole	Ամպեր
Penisola	Թերակղզի
Ricercatore	Հետազոտող
Roccioso	Ժայռոտ
Scientifico	Գիտական
Specie	Տեսակներ
Spedizione	Արշավախմբի
Temperatura	Ջերմաստիճանը
Topografia	Տեղագրություն
Uccelli	Թռչուններ

Antiquariato

Հնաոճ Իրեր

Arte	Արվեստ
Asta	Աճուրդ
Autentico	Վավերական
Collezionista	Կոլեկտոր
Decenni	Տասնամյակներ
Decorativo	Դեկորատիվ
Elegante	Էլեգանտ
Galleria	Պատկերասրահ
Insolito	Անսովոր
Investimento	Ներդրումներ
Mobilio	Կահույք
Monete	Մետաղադրամներ
Prezzo	Գին
Qualità	Որակ
Restauro	Վերականգնում
Scultura	Քանդակ
Secolo	Դար
Stile	Ոճ
Valore	Արժեք
Vecchio	Հին

Api

Մեղուները

Ali	Թևեր
Alveare	Փեթակ
Benefico	Շահավետ
Cera	Մոմ
Cibo	Սնունդ
Ecosistema	Էկոհամակարգ
Fiori	Ծաղիկներ
Frutta	Մրգեր
Fumo	Ծուխ
Giardino	Այգի
Insetto	Միջատ
Miele	Մեղր
Piante	Բույսեր
Polline	Պոլեն
Regina	Թագուհի
Sciame	Երբ
Sole	Արեւ

Archeologia

Հնագիտություն

Anni	Տարիներ
Antichità	Հնություն
Antico	Հին
Dimenticato	Մոռացված
Discendente	Ժառանգ
Era	Դարաշրջան
Esperto	Փորձագետ
Fossile	Հանածո
Frammenti	Ֆրագմենտներ
Mistero	Առեղծված
Oggetti	Օբյեկտների
Ossa	Ոսկորներ
Professore	Պրոֆեսոր
Reliquia	Մասունք
Ricercatore	Հետազոտող
Sconosciuto	Անհայտ
Squadra	Թիմ
Tempio	Տաճար
Tomba	Գերեզման
Valutazione	Գնահատում

Arte

Արվեստ

Ceramica	Կերամիկական
Complesso	Համալիր
Composizione	Կազմը
Creare	Ստեղծել
Dipinti	Նկարներ
Espressione	Էքսպրեսիոն
Ispirato	Ոգեշնչված
Onesto	Ազնիվ
Originale	Օրիգինալ
Personale	Անձնական
Poesia	Պոեզիա
Scultura	Քանդակ
Semplice	Պարզ
Simbolo	Խորհրդանիշ
Soggetto	Առարկա
Surrealismo	Սյուրռեալիզմ
Visivo	Տեսողական

Arti Visive

Տեսողական Արվեստ

Argilla	Կավ
Artista	Նկարիչ
Capolavoro	Գլուխգործոց
Carbone	Փայտածուխ
Cavalletto	Պատկեր
Cera	Մոմ
Ceramica	Կերամիկա
Composizione	Կազմը
Film	Ֆիլմ
Fotografia	Լուսանկար
Gesso	Կավիճ
Matita	Մատիտ
Penna	Գրիչ
Pittura	Նկար
Prospettiva	Հեռանկար
Ritratto	Դիմանկար
Scultura	Քանդակ
Stampino	Շաբլոն
Vernice	Լաք

Astronomia

Աստղագիտություն

Asteroide	Աստերոիդ
Astronauta	Տիեզերագետ
Astronomo	Աստղագետ
Celeste	Երկնային
Cielo	Երկինք
Equinozio	Էքվինոքս
Galassia	Գալաքսիա
Luna	Լուսին
Meteora	Մետեոր
Nebulosa	Նեբուլա
Osservatorio	Աստղադիտարան
Pianeta	Մոլորակ
Radiazione	Ճառագայթում
Razzo	Հրթիռ
Solare	Արևային
Supernova	Սուպերնովա
Telescopio	Հեռադիտակ
Terra	Երկիր
Universo	Տիեզերք
Zodiaco	Կենդանականդակ

Attività Commerciale

Բիզնես

Bilancio	Բյուջե
Carriera	Կարիերա
Costo	Արժեք
Datore di Lavoro	Գործատու
Dipendente	Աշխատակից
Fabbrica	Գործարան
Finanza	Ֆինանսներ
Investimento	Ներդրումներ
Merce	Ապրանք
Negozio	Խանութ
Profitto	Շահույթ
Reddito	Եկամուտ
Sconto	Զեղչ
Società	Ընկերություն
Soldi	Փող
Tasse	Հարկեր
Transazione	Գործարք
Ufficio	Գրասենյակ
Valuta	Արժույթ
Vendita	Վաճառք

Balletto

Բալետ

Abilità	Հմտություն
Artistico	Գեղարվեստական
Assolo	Սոլո
Ballerina	Բալերինա
Ballerini	Պարողներ
Compositore	Կոմպոզիտոր
Coreografia	Խորեոգրաֆիա
Espressivo	Արտահայտիչ
Gesto	Ժեստ
Intensità	Ինտենսիվացնել
Muscoli	Մկաններ
Musica	Երաժշտություն
Orchestra	Նվագախումբ
Pratica	Պրակտիկա
Prova	Փորձ
Pubblico	Լսարան
Ritmo	Ռիթմ
Stile	Ոճ
Tecnica	Տեխնիկա

Barbecue

Խորոված

Caldo	Տաք
Cena	Ընթրիք
Cibo	Սնունդ
Cipolle	Սոխ
Coltelli	Դանակներ
Estate	Ամառ
Fame	Սով
Famiglia	Ընտանիք
Frutta	Մրգեր
Giochi	Խաղեր
Griglia	Գրիլ
Insalate	Աղցաններ
Invito	Հրավեր
Musica	Երաժշտություն
Pepe	Պղպեղ
Pollo	Հավ
Pomodori	Լոլիկ
Pranzo	Ճաշ
Sale	Աղ
Salsa	Սոուս

Bellezza

Գեղեցկություն

Colore	Գույն
Cosmetici	Կոսմետիկա
Elegante	Էլեգանտ
Eleganza	Շքեղություն
Fascino	Հմայքը
Forbici	Մկրատ
Fotogenico	Ֆոտոգենիկ
Fragranza	Բուրմունք
Grazia	Շնորհ
Liscio	Հարթ
Oli	Յուղեր
Pelle	Կաշի
Riccioli	Գանգուրներ
Shampoo	Շամպուն
Specchio	Հայելի
Stilista	Ստիլիստ
Trucco	Դիմահարդարում

Boxe

Բռնցքամարտ

Abilità	Հմտություն
Angolo	Անկյուն
Arbitro	Դատավոր
Avversario	Հակառակորդ
Campana	Զանգ
Combattente	Մարտիկ
Corde	Պարաններ
Corpo	Մարմին
Esaurito	Սպասված
Forza	Ուժ
Fuoco	Ֆոկուս
Guanti	Ձեռնացողներ
Mento	Կզակ
Pugno	Բռունցք
Punti	Միավոր
Rapido	Արագ
Recupero	Վերականգնում

Caffè

Սուրճ

Acqua	Ջուր
Amaro	Դառը
Aroma	Բուրմունք
Bere	Խմել
Bevanda	Ըմպելիք
Caffeina	Կոֆեին
Crema	Կրեմ
Filtro	Ֆիլտր
Gusto	Համը
Latte	Կաթ
Liquido	Հեղուկ
Macinare	Ծամել
Mattina	Առավոտ
Nero	Սեւ
Origine	Ծագում
Prezzo	Գին
Tazza	Գավաթ
Zucchero	Շաքար

Campeggio

Արշավ

Alberi	Ծառեր
Animali	Կենդանիներ
Avventura	Արկած
Bussola	Կողմնացույց
Cabina	Տնակում
Caccia	Որս
Canoa	Նավակ
Cappello	Գլխարկ
Corda	Պարան
Divertimento	Ժամանց
Foresta	Անտառ
Fuoco	Կրակ
Insetto	Միջատ
Lago	Լիճ
Luna	Լուսին
Mappa	Քարտեզ
Montagna	Լեռ
Natura	Բնություն
Tenda	Վրան

Casa

Տուն

Attico	Ձեղնարկ
Biblioteca	Գրադարան
Camera	Սենյակ
Camino	Բուխարի
Cucina	Խոհանոց
Doccia	Ցնցուղ
Finestra	Պատուհան
Garage	Ավտոտնակ
Giardino	Այգի
Lampada	Լամպ
Parete	Պատ
Pavimento	Հարկ
Porta	Դուռ
Recinto	Ցանկապատի
Rubinetto	Ծորակ
Scopa	Ցախավել
Soffitto	Առաստաղ
Specchio	Հայելի
Tappeto	Գորգ
Tetto	Տանիք

Chimica

Քիմիա

Acido	Թթու
Alcalino	Ալկալային
Atomico	Ատոմային
Calore	Շոգ
Carbonio	Ածխածին
Catalizzatore	Կատալիզատոր
Cloro	Քլոր
Elettrone	Էլեկտրոն
Enzima	Ֆերմենտ
Gas	Գազ
Idrogeno	Ջրածին
Ione	Իոն
Liquido	Հեղուկ
Molecola	Մոլեկուլ
Nucleare	Միջուկային
Organico	Օրգանական
Ossigeno	Թթվածին
Peso	Քաշը
Sale	Աղ
Temperatura	Ջերմաստիճանը

Cibo #1

Սնունդ #1

Aglio	Սխտոր
Basilico	Ռեհան
Cannella	Դարչին
Carne	Միս
Carota	Գազար
Cipolla	Սոխ
Fragola	Ելակ
Insalata	Աղցան
Latte	Կաթ
Limone	Կիտրոն
Menta	Անանուխ
Orzo	Գարի
Pera	Տանձ
Rapa	Շաղգամ
Sale	Աղ
Spinaci	Սպանախ
Succo	Հյութ
Tonno	Թունա
Torta	Տորթ
Zucchero	Շաքար

Cibo #2

Սնունդ #2

Banana	Բանան
Broccolo	Բրոկկոլի
Ciliegia	Բալ
Cioccolato	Շոկոլադ
Formaggio	Պանիր
Fungo	Սունկ
Grano	Ցորեն
Kiwi	Կիվի
Mela	Խնձոր
Melanzana	Սմբուկ
Pane	Հաց
Pesce	Ձուկ
Pollo	Հավ
Pomodoro	Լոլիկ
Prosciutto	Խոզապուխտ
Riso	Բրինձ
Sedano	Նեխուր
Uovo	Ձու
Uva	Խաղող
Yogurt	Յոգուրտ

Cioccolato
Շոկոլադ

Amaro	Դառը
Antiossidante	Հակաքսիդանտ
Aroma	Բուրմունք
Cacao	Կակաո
Calorie	Կալորիաներ
Caramello	Կարամել
Delizioso	Համեղ
Dolce	Քաղցր
Esotico	Էկզոտիկ
Gusto	Համ
Ingrediente	Բաղադրիչ
Mangiare	Ուտել
Noce di Cocco	Կոկոս
Polvere	Փոշի
Preferito	Սիրած
Qualità	Որակ
Ricetta	Բաղադրատոմսը
Zucchero	Շաքար

Circo
Կրկեսի

Acrobata	Ակրոբատ
Animali	Կենդանիներ
Biglietto	Տոմս
Clown	Ծաղրածու
Costume	Կոստյում
Elefante	Փիղ
Giocoliere	Ջոնգլեր
Leone	Առյուծ
Magia	Կախարդական
Mago	Կախարդ
Mostrare	Շոու
Musica	Երաժշտություն
Palloncini	Փուչիկներ
Parata	Շքերթ
Scimmia	Կապիկ
Spettatore	Հանդիսատես
Tenda	Վրան
Tigre	Վագր
Trucco	Հնարք

Città
Քաղաք

Aeroporto	Օդանավակայան
Banca	Բանկ
Biblioteca	Գրադարան
Cinema	Կինո
Clinica	Կլինիկա
Farmacia	Դեղատուն
Fiorista	Գույն
Galleria	Պատկերասրահ
Hotel	Հյուրանոց
Libreria	Գրախանութ
Mercato	Շուկա
Museo	Թանգարան
Negozio	Խանութ
Panetteria	Հացի
Ristorante	Ռեստորան
Scuola	Դպրոց
Stadio	Մարզադաշտ
Supermercato	Սուպերմարկետ
Teatro	Թատրոն
Università	Համալսարան

Corpo Umano
Մարդու Մարմին

Bocca	Բերան
Caviglia	Կոճ
Cervello	Ուղեղ
Collo	Պարանոց
Cuore	Սիրտ
Dito	Մատ
Faccia	Դեմք
Gamba	Ոտքը
Ginocchio	Ծնկի
Gomito	Արմունկ
Mano	Ձեռք
Mento	Կզակ
Naso	Քիթ
Occhio	Աչք
Orecchio	Ականջ
Pelle	Կաշի
Sangue	Արյան
Spalla	Ուս
Stomaco	Ստամոքսի
Testa	Գլուխ

Creatività
Ստեղծագործական

Abilità	Հմտություն
Artistico	Գեղարվեստական
Autenticità	Իսկությունը
Chiarezza	Պարզություն
Drammatico	Դրամատիկ
Espressione	Էքսպրեսիոն
Idee	Գաղափարներ
Immagine	Պատկեր
Impressione	Տպավորություն
Intensità	Ինտենսիվացնել
Intuizione	Ինտուիցիա
Inventivo	Հնարամիտ
Ispirazione	Ոգեշնչում
Sensazione	Սենսացիա
Sentimenti	Զգացմունքներ
Spontaneo	Ինքնաբուխ
Visioni	Տեսիլքներ

Cucina
Խոհանոց

Bacchette	Ձողափայտիկներ
Bollitore	Թեյնիկ
Brocca	Կուժ
Cibo	Սնունդ
Ciotola	Գունդ
Coltelli	Դանակներ
Cucchiai	Գդալներ
Forno	Ջեռոց
Frigorifero	Սառնարան
Grembiule	Գոգնոց
Griglia	Գրիլ
Mangiare	Ուտել
Mestolo	Շերեփ
Ricetta	Բաղադրատոմսը
Spezie	Համեմունքներ
Spugna	Սպունգ
Tazze	Բաժակ
Tovagliolo	Անձեռոցիկ

Danza
Պար

Accademia	Ակադեմիա
Arte	Արվեստ
Classico	Դասական
Compagno	Գործընկեր
Coreografia	Խորեոգրաֆիա
Corpo	Մարմին
Cultura	Մշակույթ
Culturale	Մշակութային
Emozione	Զգացմունք
Espressivo	Արտահայտիչ
Gioioso	Ուրախ
Grazia	Շնորհ
Movimento	Շարժում
Musica	Երաժշտություն
Prova	Փորձ
Ritmo	Ռիթմ
Salto	Ցատկել
Tradizionale	Ավանդական
Visivo	Տեսողական

Diplomazia
Դիվանագիտություն

Alleato	Դաշնակից
Ambasciata	Դեսպանություն
Ambasciatore	Դեսպան
Cittadini	Քաղաքացիներ
Civico	Քաղաքացիական
Comunità	Համայնք
Conflitto	Կոնֆլիկտ
Consigliere	Խորհրդական
Diplomatico	Դիվանագիտական
Discussione	Քննարկում
Etica	Էթիկա
Giustizia	Արդարություն
Lingue	Լեզուներ
Risoluzione	Բանաձեւը
Soluzione	Լուծում
Straniero	Օտար
Trattato	Պայմանագիրը
Umanitario	Հումանիտար

Ecologia
Էկոլոգիա

Clima	Կլիմա
Comunità	Համայնքներ
Fauna	Ֆաունա
Flora	Ֆլորա
Globale	Գլոբալ
Marino	Ծովային
Montagne	Լեռներ
Natura	Բնություն
Naturale	Բնական
Palude	Ճահիճ
Piante	Բույսեր
Risorse	Ռեսուրսներ
Siccità	Երաշտ
Sopravvivenza	Գոյատեւում
Sostenibile	Կայուն
Specie	Տեսակներ
Volontari	Կամավորներ

Edifici
Շենքեր

Ambasciata	Դեսպանություն
Appartamento	Բնակարան
Cabina	Տնակում
Castello	Ամրոց
Cinema	Կինո
Fabbrica	Գործարան
Fienile	Գոմ
Hotel	Հյուրանոց
Laboratorio	Լաբորատորիա
Museo	Թանգարան
Ospedale	Հիվանդանոց
Osservatorio	Աստղադիտարան
Ostello	Հանրակացարան
Scuola	Դպրոց
Stadio	Մարզադաշտ
Supermercato	Սուպերմարկետ
Teatro	Թատրոն
Tenda	Վրան
Torre	Աշտարակ
Università	Համալսարան

Emozioni
Զգացմունքներ

Amore	Սեր
Beatitudine	Երանություն
Calma	Հանգիստ
Eccitato	Հուզված
Gentilezza	Բարություն
Gioia	Ուրախություն
Grato	Շնորհակալ
Noia	Ձանձրույթ
Pace	Խաղաղություն
Paura	Վախ
Rabbia	Զայրույթ
Rilievo	Օգնություն
Simpatia	Համակրանք
Soddisfatto	Բավարարված
Sorpresa	Անակնկալ
Tenerezza	Քնքշություն
Tranquillità	Հանգստություն
Tristezza	Տխրություն

Energia
Էներգիա

Batteria	Մարտկոց
Benzina	Բենզին
Calore	Շոգ
Carbonio	Ածխածին
Carburante	Վառելիք
Diesel	Դիզել
Elettrico	Էլեկտրական
Elettrone	Էլեկտրոն
Entropia	Էնտրոպիա
Fotone	Ֆոտոն
Idrogeno	Ջրածին
Motore	Շարժիչ
Nucleare	Միջուկային
Rinnovabile	Վերականգնվող
Sole	Արեւ
Termico	Ջերմային
Turbina	Տուրբին
Vapore	Զույգ
Vento	Քամի

Erboristeria

Բուսաբուժություն

Aglio	Սխտոր
Aromatico	Անուշաբույր
Basilico	Ռեհան
Culinario	Խոհարարական
Dragoncello	Թարգուն
Finocchio	Սամիթ
Fiore	Ծաղիկ
Giardino	Այգի
Ingrediente	Բաղադրիչ
Lavanda	Նարդոս
Maggiorana	Մարջորամ
Menta	Անանուխ
Origano	Օրեգանո
Pianta	Գործարան
Prezzemolo	Մաղադանոս
Qualità	Որակ
Rosmarino	Ռոզմարի
Timo	Ուրց
Verde	Կանաչ
Zafferano	Զաֆրան

Escursionismo

Հետիոտն

Acqua	Ջուր
Animali	Կենդանիներ
Campeggio	Արշավ
Clima	Կլիմա
Guide	Ուղեցույցներ
Mappa	Քարտեզ
Montagna	Լեռ
Natura	Բնություն
Orientamento	Կողմնորոշում
Parchi	Այգիներ
Pericoli	Վտանգներ
Pesante	Ծանր
Pietre	Քարեր
Preparazione	Պատրաստում
Scogliera	Ժայռի
Selvaggio	Վայրի
Sole	Արեւ
Stanco	Հոգնած
Stivali	Կոշիկներ
Zanzare	Մոծակներ

Famiglia

Ընտանեկան

Antenato	Նախահայր
Bambini	Երեխաներ
Bambino	Երեխա
Cugino	Զարմիկ
Figlia	Դուստր
Fratello	Եղբայր
Gemelli	Երկվորյակներ
Infanzia	Մանկություն
Madre	Մայր
Marito	Ամուսին
Materno	Մայրական
Moglie	Կինը
Nipote	Եղբորորդին
Nonna	Տատիկ
Nonno	Պապիկ
Padre	Հայր
Paterno	Հայրական
Sorella	Քույր
Zia	Աունտ
Zio	Հորեղբայր

Fantascienza

Գիտական Գեղարվեստական

Atomico	Ատոմային
Cinema	Կինո
Distopia	Դիստոպիա
Esplosione	Պայթյուն
Estremo	Ծայրահեղ
Fantastico	Ֆանտաստիկ
Fuoco	Կրակ
Galassia	Գալաքսիա
Illusione	Պատրանք
Immaginario	Երեւակայական
Libri	Գրքեր
Misterioso	Խորհրդավոր
Mondo	Աշխարհ
Oracolo	Օրաքլի
Pianeta	Մոլորակ
Robot	Ռոբոտներ
Scenario	Սցենար
Tecnologia	Տեխնոլոգիա
Utopia	Ուտոպիա

Fattoria #1

Ֆերմա #1

Acqua	Ջուր
Ape	Մեղու
Asino	Էշ
Campo	Դաշտ
Cane	Շուն
Capra	Այծի
Cavallo	Ձի
Fertilizzante	Պարարտանյութ
Fieno	Հայ
Gatto	Կատու
Gregge	Հոտ
Maiale	Խոզ
Miele	Մեղր
Mucca	Կով
Pollo	Հավ
Recinto	Ցանկապատի
Riso	Բրինձ
Semi	Սերմեր
Terra	Հողատարածք
Vitello	Հորթ

Fattoria #2

Ֆերմա #2

Agnello	Գառ
Agricoltore	Ֆերմեր
Alveare	Փեթակ
Anatra	Բադ
Animali	Կենդանիներ
Cibo	Սնունդ
Fienile	Գոմ
Frutta	Մրգեր
Frutteto	Պտղատու Այգի
Grano	Ցորեն
Irrigazione	Ոռոգում
Lama	Լամա
Latte	Կաթ
Mais	Եգիպտացորեն
Orzo	Գարի
Pastore	Հովիվ
Pecora	Ոչխար
Prato	Մարգագետին
Trattore	Տրակտոր
Verdura	Բուսական

Fisica
Ֆիզիկա

Accelerazione	Արագացում
Atomo	Ատոմ
Caos	Քաոս
Chimico	Քիմիական
Densità	Խտություն
Elettrone	Էլեկտրոն
Espansione	Ընդլայնում
Esperimento	Փորձ
Formula	Բանաձեւը
Gas	Գազ
Grafico	Գրաֆիկ
Magnetismo	Մագնետիզմ
Meccanica	Մեխանիկա
Molecola	Մոլեկուլ
Motore	Շարժիչ
Nucleare	Միջուկային
Particella	Մասնիկ
Universale	Ունիվերսալ
Variabile	Փոփոխական
Velocità	Արագություն

Foresta Pluviale
Արեւադարձային Անտառ

Botanico	Բուսանիկական
Clima	Կլիմա
Comunità	Համայնք
Giungla	Ջունգլի
Indigeno	Բնիկ
Insetti	Միջատներ
Mammiferi	Կաթնասուններ
Muschio	Մամուռ
Natura	Բնություն
Nuvole	Ամպեր
Preservazione	Պահպանում
Prezioso	Արժեքավոր
Restauro	Վերականգնում
Rifugio	Ապաստան
Rispetto	Հարգանք
Sopravvivenza	Գոյատեւում
Specie	Տեսակներ
Uccelli	Թռչուններ

Forme
Ձեւավորում

Angolo	Անկյուն
Arco	Աղեղ
Bordi	Եզրեր
Cerchio	Ցլիկ
Cilindro	Գլան
Cono	Կոն
Cubo	Խորանարդ
Curva	Կոր
Ellisse	Էլիպս
Iperbole	Հիպերբոլա
Lato	Կողմ
Linea	Գիծ
Ovale	Օվալ
Piramide	Բուրգ
Poligono	Պոլիգոն
Prisma	Պրիզմա
Quadrato	Քառակուսի
Rettangolo	Ուղղանկյունի
Sfera	Ոլորտ
Triangolo	Եռանկյունի

Forniture Artistiche
Արվեստի Պարագաներ

Acqua	Ջուր
Acquerelli	Ջրաներկ
Acrilico	Ակրիլ
Argilla	Կավ
Carta	Թուղթ
Cavalletto	Պատկեր
Colla	Սոսինձ
Colori	Գույներ
Gomma	Ռետին
Idee	Գաղափարներ
Inchiostro	Թանաք
Matite	Մատիտներ
Olio	Ցուղ
Sedia	Աթոռ
Tavolo	Սեղան
Telecamera	Տեսախցիկ
Vernici	Ներկեր

Forza e Gravità
Ուժ եւ Ծանրություն

Accelerare	Արագացնել
Asse	Առանցք
Centro	Կենտրոն
Dinamico	Դինամիկ
Espansione	Ընդլայնում
Fisica	Ֆիզիկա
Impatto	Ազդեցություն
Magnetismo	Մագնետիզմ
Meccanica	Մեխանիկա
Movimento	Շարժում
Orbita	Ուղեծիր
Peso	Քաշը
Pianeti	Մոլորակներ
Pressione	Ճնշում
Scoperta	Բացում
Tempo	Ժամանակ
Universale	Ունիվերսալ
Velocità	Արագություն

Frutta
Մրգեր

Albicocca	Ծիրան
Ananas	Արքայախնձոր
Arancia	Նարնջագույն
Avocado	Ավոկադո
Bacca	Հատապտուղ
Banana	Բանան
Ciliegia	Բալ
Fico	Թուզ
Kiwi	Կիվի
Lampone	Ազնվամորի
Limone	Կիտրոն
Mango	Մանգո
Mela	Խնձոր
Melone	Սեխ
Nettarina	Նեկտարին
Papaia	Պապայա
Pera	Տանձ
Pesca	Դեղձ
Prugna	Սալոր
Uva	Խաղող

Geografia

Աշխարհագրություն

Altitudine	Բարձրությունը
Atlante	Ատլաս
Città	Քաղաք
Continente	Աշխարհամաս
Emisfero	Կիսագունդ
Fiume	Գետ
Isola	Կղզի
Latitudine	Լայնություն
Longitudine	Երկայնություն
Mappa	Քարտեզ
Mare	Ծով
Meridiano	Մերիդիան
Mondo	Աշխարհ
Montagna	Լեռ
Nord	Հյուսիս
Ovest	Արեւմուտք
Paese	Երկիր
Regione	Տարածաշրջան
Sud	Հարավ
Territorio	Տարածք

Geologia

Երկրաբանություն

Acido	Թթու
Altopiano	Սարահարթ
Calcio	Կալցիում
Caverna	Քարանձավ
Continente	Աշխարհամաս
Corallo	Կորալ
Cristalli	Բյուրեղներ
Erosione	Էրոզիա
Fossile	Հանածո
Geyser	Գեյզեր
Lava	Լավա
Minerali	Հանքային
Pietra	Քար
Quarzo	Որձաքար
Sale	Աղ
Stalattite	Ստալակտիտ
Strato	Շերտ
Terremoto	Երկրաշարժ
Vulcano	Հրաբուխ
Zona	Գոտի

Geometria

Երկրաչափություն

Altezza	Բարձրությունը
Angolo	Անկյուն
Calcolo	Հաշվարկ
Cerchio	Ցլիկ
Curva	Կոր
Diametro	Տրամագիծ
Dimensione	Չափը
Equazione	Հավասարում
Massa	Քաշը
Mediano	Միջին
Numero	Թիվ
Orizzontale	Հորիզոնական
Parallelo	Զուգահեռ
Quadrato	Քառակուսի
Segmento	Հատված
Simmetria	Սիմետրիա
Teoria	Տեսություն
Triangolo	Եռանկյունի
Verticale	Ուղղահայաց

Giardinaggio

Այգեգործություն

Acqua	Ջուր
Botanico	Բուսանիկական
Clima	Կլիմա
Commestibile	Ուտելի
Compost	Պարարտություն
Contenitore	Կոնտեյներ
Esotico	Էկզոտիկ
Foglia	Տերեւ
Fogliame	Սաղարթ
Frutteto	Պտղատու Այգի
Mazzo	Փունջ
Semi	Սերմեր
Specie	Տեսակներ
Sporco	Կեղտ
Stagionale	Սեզոնային
Suolo	Հող
Tubo	Գուլպաներ
Umidità	Խոնավություն

Giorni e Mesi

Օրեր և Ամիսներ

Agosto	Օգոստոս
Anno	Տարի
Aprile	Ապրիլ
Calendario	Օրացույց
Dicembre	Դեկտեմբեր
Domenica	Կիրակի
Febbraio	Փետրվար
Gennaio	Հունվար
Giugno	Հունիս
Luglio	Հուլիս
Lunedì	Երկուշաբթի
Martedì	Երեքշաբթի
Marzo	Մարտ
Mercoledì	Չորեքշաբթի
Mese	Ամիս
Novembre	Նոյեմբեր
Ottobre	Հոկտեմբեր
Sabato	Շաբաթ
Settembre	Սեպտեմբեր
Venerdì	Ուրբաթ

Guida

Վարորդական

Attenzione	Զգուշություն
Autista	Վարորդ
Auto	Մեքենա
Autobus	Ավտոբուս
Carburante	Վառելիք
Freni	Արգելակներ
Garage	Ավտոտնակ
Gas	Գազ
Incidente	Վթար
Licenza	Լիցենզիա
Mappa	Քարտեզ
Moto	Մոտոցիկլ
Motore	Մոտոր
Pedonale	Հետիոտնային
Pericolo	Վտանգ
Strada	Ճանապարհ
Traffico	Շարժում
Trasporto	Փոխադրում
Tunnel	Թունել
Velocità	Արագություն

I Media

Ջլմ-Ները

Atteggiamenti	Վերաբերմունքը
Commerciale	Առևտրային
Comunicazione	Կապ
Digitale	Թվային
Educazione	Կրթություն
Fatti	Փաստեր
Finanziamento	Ֆինանսավորում
Giornali	Թերթեր
Immagini	Պատկերներ
Individuale	Անհատական
Intellettuale	Խելացի
Locale	Տեղական
Online	Առցանց
Opinione	Կարծիք
Pubblicità	Գովազդ
Pubblico	Հասարակական
Radio	Ռադիո
Rete	Ցանց
Riviste	Ամսագրեր

Imbarcazioni

Նավակներ

Albero	Կայմ
Ancora	Խարիսխ
Barca a Vela	Սայլբոատ
Boa	Բույ
Canoa	Նավակ
Corda	Պարան
Equipaggio	Անձնակազմ
Fiume	Գետ
Kayak	Կայակ
Lago	Լիճ
Mare	Ծով
Marea	Ալիքը
Marinaio	Նավաստի
Motore	Շարժիչ
Nautico	Ծովային
Oceano	Օվկիանոս
Onde	Ալիքներ
Traghetto	Լաստանավ
Yacht	Զբոսանավ

Ingegneria

Ճարտարագիտություն

Angolo	Անկյուն
Asse	Առանցք
Calcolo	Հաշվարկ
Costruzione	Շինարարական
Diagramma	Դիագրամ
Diametro	Տրամագիծ
Diesel	Դիզել
Dimensioni	Չափերը
Distribuzione	Բաշխում
Energia	Էներգիա
Forza	Ուժ
Leve	Լծակներ
Liquido	Հեղուկ
Macchina	Մեքենա
Misurazione	Չափում
Motore	Շարժիչ
Profondità	Խորություն
Propulsione	Շարժում
Stabilità	Կայունություն
Struttura	Կառուցվածք

Insetti

Միջատներ

Afide	Տլ
Ape	Մեղու
Cavalletta	Մորեխ
Cicala	Ցիկադա
Coccinella	Լեդիբուգ
Coleottero	Բզեզ
Falena	Ցեց
Farfalla	Թիթեռ
Formica	Մրջյուն
Larva	Թրթուր
Libellula	Ճպուռ
Mantide	Մանտիս
Pulce	Բուլ
Scarafaggio	Ուտիճ
Termite	Տերմիտ
Verme	Ճիճու
Zanzara	Մժեղ

Jazz

Ջազ

Album	Ալբոմ
Artista	Նկարիչ
Canzone	Երգ
Compositore	Կոմպոզիտոր
Composizione	Կազմը
Concerto	Համերգ
Famoso	Հայտնի
Genere	Ժանր
Improvvisazione	Իմպրովիզացիա
Influenze	Ազդեցություն
Musica	Երաժշտություն
Musicisti	Երաժիշտներ
Nuovo	Նոր
Orchestra	Նվագախումբ
Preferiti	Էջանշան
Ritmo	Ռիթմ
Stile	Ոճ
Talento	Տաղանդ
Tecnica	Տեխնիկա
Vecchio	Հին

Libri

Գրքեր

Autore	Հեղինակ
Avventura	Արկած
Carattere	Բնույթ
Collezione	Հավաքածու
Contesto	Համատեքստ
Immersione	Ընկղմում
Inventivo	Հնարամիտ
Letterario	Գրական
Lettore	Ընթերցող
Narratore	Պատմող
Pagina	Էջ
Poesia	Պոեզիա
Rilevante	Համապատասխան
Romanzo	Վեպ
Scritto	Գրված
Serie	Սերիա
Storia	Պատմություն
Storico	Պատմական
Tragico	Ողբերգական
Umoristico	Հումորային

Mammiferi

Կաթնասուններ

Balena	Կետ
Cane	Շուն
Canguro	Կենգուրու
Cavallo	Ձի
Cervo	Եղջերու
Coniglio	Ճագար
Coyote	Կոյոտ
Delfino	Դելֆին
Elefante	Փիղ
Gatto	Կատու
Giraffa	Ընձուղտ
Gorilla	Գորիլա
Leone	Առյուծ
Lupo	Գայլ
Orso	Արջ
Pecora	Ոչխար
Scimmia	Կապիկ
Toro	Ցուլ
Volpe	Աղվես
Zebra	Զեբրա

Matematica

Մաթեմատիկա

Angoli	Անկյուններ
Aritmetica	Թվաբանություն
Circonferenza	Շրջապատ
Decimale	Տասնորդական
Diametro	Տրամագիծ
Equazione	Հավասարում
Esponente	Էքսպոնենտ
Frazione	Մաս
Gradi	Աստիճաններ
Numeri	Թվեր
Parallelo	Զուգահեռ
Perimetro	Պրիմետր
Poligono	Պոլիգոն
Quadrato	Քառակուսի
Rettangolo	Ուղղանկյունի
Sfera	Ոլորտ
Simmetria	Սիմետրիա
Somma	Գումար
Triangolo	Եռանկյունի
Volume	Ծավալը

Meditazione

Մեդիտացիա

Accettazione	Ընդունում
Attenzione	Ուշադրություն
Calma	Հանգիստ
Chiarezza	Պարզություն
Compassione	Կարեկցանք
Felicità	Երջանկություն
Gentilezza	Բարություն
Mentale	Մտավոր
Mente	Միտք
Movimento	Շարժում
Musica	Երաժշտություն
Natura	Բնություն
Osservazione	Դիտարկում
Pace	Խաղաղություն
Pensieri	Մտքերը
Per Imparare	Սովորել
Prospettiva	Հեռանկար
Respirazione	Շնչառություն
Silenzio	Լռություն
Sveglio	Ցնդած

Meteo

Եղանակ

Arcobaleno	Ծիածան
Asciutto	Չոր
Atmosfera	Մթնոլորտ
Brezza	Զեփյուռ
Calma	Հանգիստ
Cielo	Երկինք
Clima	Կլիմա
Fulmine	Կայծակ
Ghiaccio	Սառույց
Monsone	Մուսոն
Nebbia	Մառախուղ
Nube	Ամպ
Polare	Բեւեռային
Siccità	Երաշտ
Temperatura	Ջերմաստիճանը
Tempesta	Փոթորիկ
Tornado	Տարափ
Tropicale	Արեւադարձային
Tuono	Որոտ
Vento	Քամի

Misurazioni

Չափումներ

Altezza	Բարձրությունը
Byte	Բայտ
Centimetro	Սանտիմետր
Chilogrammo	Կիլոգրամ
Chilometro	Կիլոմետր
Decimale	Տասնորդական
Grado	Աստիճան
Grammo	Գրամ
Larghezza	Լայնություն
Litro	Լիտր
Lunghezza	Երկարություն
Metro	Մետր
Minuto	Րոպե
Oncia	Ունցիա
Peso	Քաշը
Pollice	Դյույմ
Profondità	Խորություն
Tonnellata	Տոննա
Volume	Ծավալը

Mitologia

Առասպելաբանություն

Archetipo	Արքետիպ
Comportamento	Վարքագիծ
Creatura	Արարած
Creazione	Ստեղծում
Cultura	Մշակույթ
Disastro	Աղետ
Eroe	Հերոս
Forza	Ուժ
Fulmine	Կայծակ
Gelosia	Խանդը
Guerriero	Ռազմիկ
Immortalità	Անմահություն
Labirinto	Լաբիրինթոս
Leggenda	Լեգենդ
Magico	Կախարդական
Mortale	Մահկանացու
Mostro	Հրեշ
Paradiso	Երկինք
Tuono	Որոտ
Vendetta	Վրեժ

Moda

Նորաձեւություն

Abbigliamento	Հագուստ
Boutique	Բուտիկ
Caro	Թանկ
Confortevole	Հարմարավետ
Elegante	Էլեգանտ
Minimalista	Մինիմալիստ
Misure	Չափումներ
Moderno	Ժամանակակից
Modesto	Համեստ
Originale	Օրիգինալ
Pizzo	Ժանյակ
Pratico	Գործնական
Pulsanti	Կոճակներ
Semplice	Պարզ
Stile	Ոճ
Tendenza	Թրենդ
Tessuto	Գործվածք
Trama	Հյուսվածք

Musica

Երաժշտություն

Album	Ալբոմ
Armonico	Ներդաշնակ
Ballata	Բալլադ
Cantante	Երգիչ
Cantare	Երգել
Classico	Դասական
Coro	Երգչախումբ
Eclettico	Ընտրողական
Lirico	Քնարական
Melodia	Մեղեդի
Microfono	Միկրոֆոն
Musicale	Երաժշտական
Musicista	Երաժիշտ
Opera	Օպերա
Poetico	Բանաստեղծական
Ritmico	Ռիթմիկ
Ritmo	Ռիթմ
Strumento	Գործիք
Tempo	Տեմպ
Vocale	Վոկալ

Natura

Բնություն

Animali	Կենդանիներ
Api	Մեղուներ
Artico	Արկտիկա
Bellezza	Գեղեցկություն
Deserto	Անապատ
Dinamico	Դինամիկ
Erosione	Էրոզիա
Fiume	Գետ
Fogliame	Սաղարթ
Foresta	Անտառ
Ghiacciaio	Սառցադաշտ
Montagne	Լեռներ
Nebbia	Մառախուղ
Nuvole	Ամպեր
Selvaggio	Վայրի
Sereno	Հանգիստ
Tropicale	Արեւադարձային
Vitale	Կենսական

Numeri

Թվերներ

Cinque	Հինգ
Decimale	Տասնորդական
Diciannove	Տասնինը
Diciassette	Տասնյոթ
Diciotto	Տասնութ
Dieci	Տասը
Dodici	Տասներկու
Due	Երկու
Nove	Ինը
Otto	Ութ
Quattordici	Տասնչորս
Quattro	Չորս
Quindici	Տասնհինգ
Sedici	Տասնվեց
Sei	Վեց
Sette	Յոթ
Tre	Երեք
Tredici	Տասներեք
Venti	Քսան
Zero	Զրո

Nutrizione

Սնուցում

Amaro	Դառը
Appetito	Ախորժակ
Calorie	Կալորիաներ
Carboidrati	Ածխաջրեր
Commestibile	Ուտելի
Dieta	Դիետա
Digestione	Մարսողություն
Fermentazione	Խմորում
Gusto	Համը
Liquidi	Հեղուկներ
Nutriente	Սննդարար
Peso	Քաշը
Proteine	Սպիտակուցներ
Qualità	Որակ
Salsa	Սոուս
Salute	Առողջություն
Sano	Առողջ
Spezie	Համեմունքներ
Tossina	Տոքսին
Vitamina	Վիտամին

Oceano

Օվկիանոս

Alghe	Ջրիմուռներ
Anguilla	Օձաձուկ
Balena	Կետ
Barca	Նավակ
Corallo	Կորալ
Delfino	Դելֆին
Granchio	Ծովախեցգետին
Maree	Տիդես
Medusa	Մեդուզա
Onde	Ալիքներ
Ostrica	Ոստրե
Pesce	Ձուկ
Polpo	Ութոտնուկ
Sale	Աղ
Scogliera	Ռելիեֆ
Spugna	Սպունգ
Squalo	Շնաձ
Tartaruga	Կրիա
Tempesta	Փոթորիկ
Tonno	Թունա

Paesaggi

Բնանկարներ

Cascata	Ջրվեժ
Collina	Բլրի
Deserto	Անապատ
Fiume	Գետ
Geyser	Գեյզեր
Ghiacciaio	Սառցադաշտ
Grotta	Քարանձավ
Iceberg	Այսբերգ
Isola	Կղզի
Lago	Լիճ
Mare	Ծով
Montagna	Լեռ
Oasi	Օազիս
Oceano	Օվկիանոս
Palude	Ճահիճ
Penisola	Թերակղզի
Spiaggia	Լողափ
Tundra	Տունդրա
Valle	Հովիտ
Vulcano	Հրաբուխ

Paesi #1

Երկրներ #1

Brasile	Բրազիլիա
Cambogia	Կամբոջա
Canada	Կանադա
Egitto	Եգիպտոս
Finlandia	Ֆինլանդիա
Germania	Գերմանիա
India	Հնդկաստան
Iraq	Իրաք
Israele	Իսրայել
Libia	Լիբիա
Mali	Մալի
Marocco	Մարոկկո
Norvegia	Նորվեգիա
Panama	Պանամա
Polonia	Լեհաստան
Romania	Ռումինիա
Senegal	Սենեգալ
Spagna	Իսպանիա
Venezuela	Վենեսուելա
Vietnam	Վիետնամ

Paesi #2

Երկրներ #2

Albania	Ալբանիա
Danimarca	Դանիա
Etiopia	Եթովպիա
Giamaica	Ջամայկա
Giappone	Ճապոնիա
Grecia	Հունաստան
Haiti	Հաիթի
Indonesia	Ինդոնեզիա
Irlanda	Իռլանդիա
Laos	Լաոս
Liberia	Լիբերիա
Messico	Մեքսիկա
Nepal	Նեպալ
Nigeria	Նիգերիա
Pakistan	Պակիստան
Russia	Ռուսաստան
Siria	Սիրիա
Sudan	Սուդան
Ucraina	Ուկրաինա
Uganda	Ուգանդա

Piante

Բույսեր

Albero	Ծառ
Bacca	Հատապտուղ
Bambù	Բամբուկ
Cactus	Կակտուս
Cespuglio	Բուշ
Crescere	Աճել
Erba	Խոտ
Fagiolo	Լոբի
Fertilizzante	Պարարտանյութ
Fiore	Ծաղիկ
Flora	Ֆլորա
Foglia	Տերեւ
Fogliame	Սաղարթ
Foresta	Անտառ
Giardino	Այգի
Giungla	Ջունգլի
Muschio	Մամուռ
Petalo	Թեր
Radice	Արմատ
Sole	Արեւ

Professioni #1

Մասնագիտություններ #1

Allenatore	Մարզիչ
Ambasciatore	Դեսպան
Artista	Նկարիչ
Astronomo	Աստղագետ
Avvocato	Փաստաբան
Ballerino	Պարուհի
Banchiere	Բանկեր
Cacciatore	Որսորդ
Cartografo	Քարտոգրաֆ
Editore	Խմբագիր
Farmacista	Դեղագործ
Geologo	Երկրաբան
Gioielliere	Ոսկերիչ
Idraulico	Ջրմուղագործ
Infermiera	Բուժքույր
Musicista	Երաժիշտ
Pianista	Դաշնակահար
Psicologo	Հոգեբան
Scienziato	Գիտնական
Veterinario	Անասնաբույժ

Professioni #2

Մասնագիտություններ #2

Astronauta	Տիեզերագետ
Bibliotecario	Գրադարանավար
Biologo	Կենսաբան
Chirurgo	Վիրաբույժ
Dentista	Ատամնաբույժ
Filosofo	Փիլիսոփա
Fotografo	Լուսանկարիչ
Giardiniere	Այգեպան
Giornalista	Լրագրող
Illustratore	Նկարազրող
Ingegnere	Ինժեներ
Insegnante	Ուսուցիչ
Inventore	Գյուտարար
Investigatore	Քննիչ
Linguista	Լեզվաբան
Medico	Բժիշկ
Pilota	Օդաչու
Pittore	Նկարիչ
Ricercatore	Հետազոտող
Zoologo	Կենդանաբան

Psicologia

Հոգեբանություն

Appuntamento	Նշանակում
Clinico	Կլինիկական
Comportamento	Վարքագիծ
Conflitto	Կոնֆլիկտ
Ego	Էգո
Esperienze	Փորձ
Idee	Գաղափարներ
Inconscio	Անգիտակից
Infanzia	Մանկություն
Influenze	Ազդեցություն
Pensieri	Մտքերը
Percezione	Ընկալում
Problema	Խնդիր
Realtà	Իրականություն
Sensazione	Սենսացիա
Sogni	Երազներ
Terapia	Թերապիա
Valutazione	Գնահատական

Ristorante #1

Ռեստորան #1

Allergia	Ալերգիա
Caffè	Սուրճ
Cameriera	Մատուցողուհի
Carne	Միս
Cibo	Սնունդ
Ciotola	Գունդ
Coltello	Դանակ
Cucina	Խոհանոց
Dessert	Դեսերտ
Mangiare	Ուտել
Menù	Մենյու
Pane	Հաց
Piatto	Ափսե
Piccante	Կծու
Pollo	Հավ
Prenotazione	Վերապահում
Salsa	Սոուս
Tovagliolo	Անձեռոցիկ

Ristorante #2

Ռեստորան #2

Acqua	Ջուր
Bevanda	Ըմպելիք
Cameriere	Մատուցող
Cena	Ընթրիք
Cucchiaio	Գդալ
Delizioso	Համեղ
Forchetta	Պատառաքաղ
Frutta	Մրգեր
Ghiaccio	Սառույց
Insalata	Աղցան
Minestra	Ապուր
Pesce	Ձուկ
Pranzo	Ճաշ
Sale	Աղ
Sedia	Աթոռ
Spezie	Համեմունքներ
Torta	Տորթ
Uova	Ձու
Verdure	Բանջարեղեն

Salute e Benessere #1

Առողջություն և Առողջությ

Abitudine	Սովորություն
Altezza	Բարձրությունը
Attivo	Ակտիվ
Batteri	Բակտերիաների
Clinica	Կլինիկա
Fame	Սով
Farmacia	Դեղատուն
Frattura	Կոտրվածք
Medicina	Դեղ
Medico	Բժիշկ
Muscoli	Մկաններ
Ormoni	Հորմոններ
Ossa	Ոսկորներ
Pelle	Կաշի
Riflesso	Ռեֆլեքս
Rilassamento	Թուլացում
Supplementi	Լրացումներ
Terapia	Թերապիա
Trattamento	Բուժում
Virus	Վիրուս

Salute e Benessere #2

Առողջություն և Առողջությ

Allergia	Ալերգիա
Anatomia	Անատոմիա
Appetito	Ախորժակ
Corpo	Մարմին
Dieta	Դիետա
Digestione	Մարսողություն
Disidratazione	Ջրաջրացում
Energia	Էներգիա
Genetica	Գենետիկա
Igiene	Հիգիենա
Infezione	Վարակ
Malattia	Հիվանդություն
Massaggio	Մերսում
Nutrizione	Սնուցում
Ospedale	Հիվանդանոց
Peso	Քաշը
Recupero	Վերականգնում
Sangue	Արյուն
Sano	Առողջ
Vitamina	Վիտամին

Scacchi

Շախմատ

Avversario	Հակառակորդ
Bianco	Սպիտակ
Campione	Չեմպիոն
Concorso	Մրցույթ
Giocatore	Խաղացող
Gioco	Խաղ
Intelligente	Խելացի
Nero	Սև
Passivo	Պասիվ
Per Imparare	Սովորել
Punti	Միավոր
Re	Թագավորը
Regina	Թագուհի
Regole	Կանոններ
Sacrificio	Սողուն
Tempo	Ժամանակ
Torneo	Մրցաշար

Scienza

Գիտություն

Atomo	Ատոմ
Chimico	Քիմիական
Clima	Կլիմա
Dati	Տվյալներ
Esperimento	Փորձ
Evoluzione	Էվոլուցիա
Fatto	Փաստ
Fisica	Ֆիզիկա
Fossile	Հանածո
Ipotesi	Հիփոթեքային
Laboratorio	Լաբորատորիա
Metodo	Մեթոդ
Minerali	Հանքային
Molecole	Մոլեկուլներ
Natura	Բնություն
Organismo	Օրգանիզմ
Osservazione	Դիտարկում
Particelle	Մասնիկներ
Piante	Բույսեր
Scienziato	Գիտնական

Spezie

Համեմունքներ

Aglio	Սխտոր
Amaro	Դառը
Anice	Անիս
Cannella	Դարչին
Cardamomo	Հիլ
Cipolla	Սոխ
Coriandolo	Համեմ
Cumino	Չաման
Curcuma	Քրքում
Curry	Կարրի
Dolce	Քաղցր
Finocchio	Սամիթ
Gusto	Համը
Noce Moscata	Մշկընկույզ
Paprika	Պապրիկա
Pepe	Պղպեղ
Sale	Աղ
Vaniglia	Վանիլային
Zafferano	Զաֆրան
Zenzero	Կոճապղպեղ

Spiaggia

Լողափ

Asciugamano	Սրբիչ
Barca	Նավակ
Barca a Vela	Սայլբոատ
Blu	Կապույտ
Costa	Ափ
Granchio	Ծովախեցգետին
Isola	Կղզի
Laguna	Ծովածոց
Mare	Ծով
Nuotare	Լողալ
Oceano	Օվկիանոս
Ombrello	Հովանոց
Sabbia	Ավազ
Sandali	Սանդալներ
Scogliera	Ռելիեֆ
Sole	Արեւ
Vacanza	Արձակուրդ

Sport

Սպորտ

Allenatore	Մարզիչ
Atleta	Մարզիկ
Cardiovascolare	Սրտանոթային
Ciclismo	Հեծանվավազք
Corpo	Մարմին
Danza	Պար
Dieta	Դիետա
Forza	Ուժ
Jogging	Վազք
Massimizzare	Ավելիավորել
Muscoli	Մկաններ
Nuotare	Լողալ
Nutrizione	Սնուցում
Obiettivo	Նպատակ
Ossa	Ոսկորներ
Programma	Ծրագիր
Resistenza	Տոկունություն
Salute	Առողջություն
Sportivo	Սպորտ

Sport

Սպորտաձեւեր

Allenatore	Մարզիչ
Arbitro	Դատավոր
Atleta	Մարզիկ
Baseball	Բեյսբոլ
Basket	Բասկետբոլ
Bicicletta	Հեծանիվ
Campionato	Առաջնություն
Giocatore	Խաղացող
Gioco	Խաղ
Golf	Գոլֆ
Hockey	Հոկեյ
Movimento	Շարժում
Nuotare	Լողալ
Palestra	Գիմնազիա
Squadra	Թիմ
Stadio	Մարզադաշտ
Tennis	Թենիս
Vincitore	Հաղթող

Strumenti Musicali

Երաժշտական Գործիքներ

Arpa	Տավիղ
Banjo	Բանջո
Chitarra	Կիթառ
Clarinetto	Կլարնետ
Fagotto	Ֆասոն
Flauto	Ֆլեյտա
Gong	Գոնգ
Mandolino	Մանդոլին
Marimba	Մարիմբա
Oboe	Օբոե
Pianoforte	Դաշնամուր
Sassofono	Սաքսոֆոն
Tamburello	Բուբեն
Tamburo	Թմբուկ
Tromba	Շեփոր
Trombone	Տրոմբոն
Violino	Ջութակ
Violoncello	Թավջութակ

Tempo

Ժամանակ

Anno	Տարի
Annuale	Տարեկան
Calendario	Օրացույց
Decennio	Տասնամյակ
Dopo	Հետո
Futuro	Ապագա
Giorno	Օր
Ieri	Երեկ
Mattina	Առավոտ
Mese	Ամիս
Mezzogiorno	Կեսօր
Minuto	Րոպե
Notte	Գիշեր
Oggi	Այսօր
Ora	Ժամ
Orologio	Ժամացույց
Presto	Շուտով
Prima	Նախքան
Secolo	Դար
Settimana	Շաբաթ

Tipi di Capelli

Մազերի Տեսակները

Argento	Արծաթ
Asciutto	Չոր
Bianco	Սպիտակ
Biondo	Շիկահեր
Breve	Կարճ
Calvo	Ճաղատ
Colorato	Գունավոր
Grigio	Մոխրագույն
Intrecciato	Հյուսած
Liscio	Հարթ
Lucido	Փայլուն
Lungo	Երկար
Marrone	Շագանակագույն
Morbido	Փափուկ
Nero	Սեւ
Riccio	Գանգուր
Riccioli	Գանգուրներ
Sano	Առողջ
Sottile	Բարակ
Spessore	Հաստ

Uccelli

Թռչուններ

Airone	Հերոն
Anatra	Բադ
Aquila	Արծիվ
Canarino	Канарейка
Cicogna	Արագիլ
Cigno	Կարապ
Cuculo	Կկուկ
Falco	Բազե
Fenicottero	Ֆլամինգո
Gufo	Բու
Oca	Սագ
Pappagallo	Թութակ
Passero	Ճնճղուկ
Pavone	Սիրամարգ
Pellicano	Հավալուսն
Piccione	Աղավնի
Pinguino	Պինգվին
Pollo	Հավ
Struzzo	Ջայլամ
Uovo	Ձու

Universo

Տիեզերքի

Asteroide	Աստերոիդ
Astronomo	Աստղագետ
Atmosfera	Մթնոլորտ
Buio	Խավարը
Celeste	Երկնային
Cielo	Երկինք
Cosmico	Տիեզերական
Emisfero	Կիսագունդ
Equatore	Հասարակած
Galassia	Գալաքսիա
Latitudine	Լայնություն
Longitudine	Երկայնություն
Luna	Լուսին
Orbita	Ուղեծիր
Orizzonte	Հորիզոն
Solare	Արեւային
Solstizio	Սոլստիցե
Telescopio	Հեռադիտակ
Visibile	Տեսանելի
Zodiaco	Կենդանկանդակ

Vacanza #1

Արձակուրդ #1

Aereo	Ինքնաթիռ
Andare	Գնալ
Auto	Մեքենա
Biglietto	Տոմս
Dogana	Մաքսային
Itinerario	Երթուղի
Lago	Լիճ
Museo	Թանգարան
Nuotare	Լողալ
Ombrello	Հովանոց
Partenza	Մեկնում
Rilassamento	Թուլացում
Spedizione	Արշավախմբի
Tram	Տրամվայ
Turismo	Տուրիստ
Valigia	Ճամպրուկ
Valuta	Արժույթ
Zaino	Պայուսակ

Vacanze #2

Արձակուրդ #2

Aeroporto	Օդանավակայան
Campeggio	Արշավ
Hotel	Հյուրանոց
Isola	Կղզի
Mappa	Քարտեզ
Mare	Ծով
Montagne	Լեռներ
Passaporto	Անձնագիր
Ristorante	Ռեստորան
Spiaggia	Լողափ
Straniero	Օտարական
Taxi	Տաքսի
Tenda	Վրան
Trasporto	Փոխադրում
Treno	Գնացք
Vacanza	Տոն
Viaggio	Ճամբորդութիւն
Visto	Վիզա

Veicoli

Տրանսպորտային Միջոցներ

Aereo	Ինքնաթիռ
Auto	Մեքենա
Autobus	Ավտոբուս
Barca	Նավակ
Bicicletta	Հեծանիվ
Camion	Բեռնատար
Caravan	Քարավան
Elicottero	Ուղղաթիռ
Furgone	Վան
Metropolitana	Մետրո
Motore	Շարժիչ
Pneumatici	Տիրես
Razzo	Հրթիռ
Scooter	Սկուտեր
Sottomarino	Սուզանավ
Taxi	Տաքսի
Traghetto	Լաստանավ
Trattore	Տրակտոր
Treno	Գնացք

Verdure

Բանջարեղեն

Aglio	Սխտոր
Broccolo	Բրոկկոլի
Carciofo	Արտիճուկ
Carota	Գազար
Cetriolo	Վարունգ
Cipolla	Սոխ
Fungo	Սունկ
Insalata	Աղցան
Melanzana	Սմբուկ
Patata	Կարտոֆիլ
Pisello	Սիսեռ
Pomodoro	Լոլիկ
Prezzemolo	Մաղադանոս
Rapa	Շաղգամ
Ravanello	Բողկ
Scalogno	Շալոտ
Sedano	Նեխուր
Spinaci	Սպանախ
Zenzero	Կոճապղպեղ
Zucca	Դդում

Vestiti

Հագուստ

Abito	Զգեստ
Braccialetto	Ապարանջան
Calzini	Գուլպաներ
Camicetta	Բլուզ
Camicia	Վերնաշապիկ
Cappello	Գլխարկ
Cappotto	Վերարկու
Cintura	Գոտի
Collana	Վզնոց
Giacca	Բաճկոն
Gonna	Փեշ
Grembiule	Գոգնոց
Guanti	Ձեռնոցներ
Jeans	Ջինս
Maglione	Սվիտեր
Pantaloni	Տաբատ
Pigiama	Պիժամա
Sandali	Սանդալներ
Scarpa	Կոշիկ
Sciarpa	Շարֆ

Virtù #1

Առաքինություններ #1

Affascinante	Հմայիչ
Affidabile	Հուսալի
Appassionato	Կրքոտ
Artistico	Գեղարվեստական
Buono	Լավ
Curioso	Հետաքրքրասեր
Decisivo	Վճռական
Divertente	Զվարճալի
Efficiente	Արդյունավետ
Generoso	Առատաձեռն
Indipendente	Անկախ
Intelligente	Խելացի
Modesto	Համեստ
Paziente	Համբերատար
Pratico	Գործնական
Pulito	Մաքուր
Saggio	Իմաստուն
Utile	Օգտակար

Congratulazioni

Ce l'hai fatta!

Speriamo che questo libro vi sia piaciuto tanto quanto a noi è piaciuto concepirlo. Ci sforziamo di creare libri della più alta qualità possibile.
Questa edizione è progettata per fornire un apprendimento intelligente, di qualità e divertente!

Le è piaciuto questo libro?

Una Semplice Richiesta

Questi libri esistono grazie alle recensioni che pubblicate.

Puoi aiutarci lasciando una recensione
ora a questo link ?

BestBooksActivity.com/Recensioni50

SFIDA FINALE!

Sfida n°1

Sei pronto per il tuo gioco gratuito? Li usiamo sempre, ma non sono così facili da trovare - ecco i Sinonimi!
Scrivi 5 parole che hai trovato nei puzzle (n° 21, n° 36, n° 76) e prova a trovare 2 sinonimi per ogni parola.

Scrivi 5 parole del ***Puzzle 21***

Parole	Sinonimo 1	Sinonimo 2

Scrivi 5 parole del ***Puzzle 36***

Parole	Sinonimo 1	Sinonimo 2

Scrivi 5 parole del ***Puzzle 76***

Parole	Sinonimo 1	Sinonimo 2

Sfida n°2

Ora che ti sei riscaldato, scrivi 5 parole che hai trovato nei puzzle n° 9, n° 17 e n° 25 e cerca di trovare 2 contrari per ogni parola. Quanti ne puoi trovare in 20 minuti?

Scrivi 5 parole del ***Puzzle 9***

Parole	Antonimo 1	Antonimo 2

Scrivi 5 parole del ***Puzzle 17***

Parole	Antonimo 1	Antonimo 2

Scrivi 5 parole del ***Puzzle 25***

Parole	Antonimo 1	Antonimo 2

Sfida n°3

Grande! Questa sfida  non è niente per te!

Pronto per la sfida finale? Scegli 10 parole che hai scoperto nei diversi puzzle e scrivile qui sotto.

1.	6.
2.	7.
3.	8.
4.	9.
5.	10.

Ora scrivi un testo pensando a una persona, un animale o un luogo che ti piace.

Puoi usare l'ultima pagina di questo libro come bozza.

La tua composizione:

TACCUINO:

A PRESTO!

Tutta la Squadra

gramcontent.com/pod-product-compliance
g Source LLC
sburg PA
2103120626
B00011B/3518
8 8 9 6 7 0 6 5 9 5 *